国家社科基金重大项目（批准号：15ZDC007）成果

城市与文明丛书

华夏城市文明论

鲍宗豪———— 著

中国出版集团 東方出版中心

图书在版编目(CIP)数据

华夏城市文明论 / 鲍宗豪著. —上海: 东方出版中心,2019.8
ISBN 978-7-5473-1400-5

Ⅰ.①华… Ⅱ.①鲍… Ⅲ.①城市文化-研究-中国
Ⅳ.①C912.81

中国版本图书馆CIP数据核字(2018)第292567号

华夏城市文明论

出版发行: 东方出版中心
地　　址: 上海市仙霞路345号
电　　话: (021)62417400
邮政编码: 200336
经　　销: 全国新华书店
印　　刷: 上海盛通时代印刷有限公司
开　　本: 710 mm × 1000 mm　1/16
字　　数: 166千字
印　　张: 13.25
版　　次: 2019年8月第1版第1次印刷
ISBN 978-7-5473-1400-5
定　　价: 49.00元

目 录

第一章
文明与文明新时代

华夏五千年文明史，伴随着当代中国改革开放的步伐，进入了中国特色社会主义新时代。新时代华夏文明、华夏城市文明的发展，不仅丰富多样精彩纷呈，而且日益以其独具特色的华夏城市文明风格、文明魅力，令国人关注，引世人向往。为了更好地认识华夏文明，更好地评价华夏城市文明的历史与当代价值，本章对文明与文明论研究以及新时代城市文明利益共同体的形成做些分析阐述，以确定本书对华夏城市文明研究的视域与方法。

一　文明的新诠释

在对文明的各种定义、文明与文化、文明与社会的关系进行分析后，才能对文明作出新的诠释。

（一）文明定义的多样性

文明一词源自近代欧洲，最初是用来形容人的行为方式，和“有教养的”“有礼貌的”“开化的”这一类词意思相似。文明(civilization)一词来自拉丁文“civitas”(城邦)，所以文明也有“公民的”“市民的”这样的含义，即它和当时兴起的资产阶级有密切的关系。[1]法国的启蒙学者最早使用这一名词，“该词最初确指对知识进步、技术进步、道德进步和社会进步的一种朦胧向往，也就是所谓‘启蒙思想’”。[2]在使用中，文明的含义逐渐由指个人的行为而具有了社会的意义。文明与野蛮相对应，用来指社会的一种进步的过程，一种进化所达到的状态，一种发展趋向。

但是，对文明的界定又各有不同的视角。于建荣博士考察分析中外关于文明的35种定义，按照其密切程度进一步把这48种要素归纳为16种类型，并且统计出每一种类型的定义所占的比重。如：认为文明是主体的，占17%。文明主体可以是整个人类、国家、一个地区或者一个民族；认为文明是社会文明的，占21%。这种社会文明可以是社会生活文明，也可以是社会的类型（社会结构、社会组织、社会模式和生活方式）的文明；还有认为文明指文化的，占11%；另有认为文明是一种进步状态的，占20%。这种进步可以指社会的光明、开化、现代和新内容，也可以指社会的发达和较高阶段，等等。

以上种种不同的文明定义，真是仁者见仁，智者见智，都有其一定的合理性。不过，要合理地界定文明，必须厘清文明与文化以及文明与社会文明的关系。

（二）文明与文化的关系

在文明一词流行的同时，文化一词也逐渐被使用。所以，阐释文明的含义，必然涉及文化。据说德国人早先宁愿使用文化一词而不愿使用文明，后来他们用文化来指宗教、艺术、思想等精神方面的事物，而文明则用来指政治、经济等社会中的现实事物。到了19世纪，文明这一概念已经成为西方国家进行民族扩张和殖民运动的辩

---

[1] 高毅.关于编撰《世界文明史》的几点想法[J].北大史学，1998（5）：19.

[2] [法] 布罗代尔.资本主义论丛[M].顾良，孙志君，译.北京：中央编译出版社，1997：125.

护词。他们认为文明这一进程在自己的内部已经完成，“从根本上来说，他们自认为自己是一个现存的，或者是稳固的文明的提供者，是一个向外界传递文明的旗手。不断向前发展的整个文明进程在他们的意识中只留下一个模糊的印象。他们用文明的结果炫耀自己，以示自己的天赋高于他人”。[1]

1. 文明是包括文化的最大的实体

英国宗教社会学家道森认为，文明在概念等级上处于比文化更高的层次，即文明包括文化，而不是文化包括文明。一个文明可能涵括深刻而广泛的文化分化或文化多样性。因此，可以在讲法国文化、德国文化等的同时，不否认它们均属于一个共同的西方文明。[2]也就是说，文明是最大的具有区别意义的生活共同体，在它之上不存在能将它囊括在内的更大的实体。文化却不是这样，它并不是最大的具有区别意义的实体，因为存在着能够将它囊括在内的更大的实体。虽然文明和文化在许多情况下有语义重叠，但如果采用道森的方法区分，则它们在概念等级上的重要差别便更能凸显出来。它们的所有语义差异中，这种概念等级上的差别也许是最重要的。

文明实体论的另一个杰出代表是法国当代历史学家布罗代尔。他强调文明的整体性内容，认为文明首先体现在一个地理区域。因此，讨论文明便是讨论空间、陆地及其轮廓、气候、植物、动物等有利的自然条件。其次，文明等同于社会。他认为这两个概念指的是同样的一个现实，文明与社会两者是永远不可分离的，只不过文明所隐含和包括的时段相比于任何特定的社会现象都要长得多。[3]布罗代尔的这种文明观及其研究可追溯到斯宾格勒和汤因比等人。

[1] 高毅.关于编撰《世界文明史》的几点想法[J].北大史学，1998(5)：19.
[2] Christopher Dawson, *The Dynamics of World History* [M]. New York: New American Library, 1956: 403.
[3] [美] 费尔南·布罗代尔.文明史纲[M].肖昶，冯棠等，译.桂林：广西师范大学出版社，2003：35–36.

德国历史哲学家斯宾格勒在《西方的没落》一书中，把世界各民族分为文化民族（或称文明民族）与原始民族两大类，认定世界历史是文明民族创造的，而世界历史可分为八个独立的文化形态：埃及文化、印度文化、巴比伦文化、中国文化、古典文化（希腊罗马文化）、阿拉伯文化、西方文化（浮士德文化）和墨西哥文化；每个伟大文化都来源于一个民族最深层次的民族精神，都有自己表现于文化各个方面的基本象征。

英国历史哲学家汤因比继承和发展了斯宾格勒的思想，认为历史研究的最小单位不是民族国家，而是一个个的社会或文明。

美国政治学家亨廷顿认为："文明和文化都涉及一个民族全面的生活方式，文明是放大了的文化……文明是一个最广泛的文化实体。乡村、宗教、种族群体、民族、宗教群体都在文化异质性的不同层次上具有独特的文化。"[1]他认为当代世界主要有八种文明：西方文明、中华文明、日本文明、印度文明、东正教文明、伊斯兰文明、拉丁美洲文明和非洲文明，当代人在文明的作用下组成文化共同体，不同文化的国家之间最有可能的是相互疏远和冷淡的关系，即文明间的竞争性共处——冷战与和平，也可能是高度敌视的关系。他还认为，文化实际上是所有文明定义的共同主题，在所有界定文明的客观因素中，最重要的通常是宗教，人类历史上的主要文明在很大程度上基本被等同为世界上的伟大宗教。"因此，文明是人类最高的文化归类，人类文化认同的最广范围，人类以此与其他物种相区别。"[2]

2. 文化是文明的典型表现

文明展示了人类社会向前发展的所有方面，所以，人们才把社会发展称为文明的进步，把人类社会称为"文明的社会"，而没有称为

---

[1] [美] 塞缪尔·亨廷顿. 文明的冲突与世界秩序的重建[M]. 周琪，刘绯等，译. 北京：新华出版社，1998：24–26.

[2] [美] 塞缪尔·亨廷顿. 文明的冲突与世界秩序的重建[M]. 周琪，刘绯等，译. 北京：新华出版社，1998：26–32.

“文化的社会”。文化的社会只是表现出文明社会的某一方面。与文明相比，文化集中表现人的精神内涵，或把人的精神思想以物化的形式记录下来，使后人从中看到人类精神思维发展的轨迹，因而成为人类文明的典型表现。

首先，古老的文明孕育深厚的文化。一种文化形态可以越来越成熟，甚至走向衰老，而文化却因其文明的古老，能够建立起非凡的伟大的文化。如中国有几千年的封建文明史，尽管这种文明在近代已经落后并被资本主义文明击败，但建立在几千年封建文明史上的中国封建文化却是如此的博大精深，以致成为封建文明的代表。它并不因为封建文明的消亡而消亡，相反，它成为永远消失的那个古老文明时代的人们精神的表现，并因而具有永久的魅力。

其次，文明形态的不断发展，使旧的文明不断被新的文明取代，旧文明的价值也随着存在理由的逐步消失而慢慢降低；而文化由于在历史继承性上的特殊规律，成为新文化形成的基础，其中代表这个文明形态精华的理性思维成果，在新的文明发展阶段得到发扬光大。如古希腊哲学是超乎寻常的古希腊文明的产物，尽管这个人类的“超常儿童”消失了，但古希腊哲学思想作为人类幼稚时代对周围万物的成熟思考，而成为启迪和培植西方中世纪、近代、现代乃至当代思想文化的宝库与沃土。从这个意义上看，文化主要指人类精神思想的凝聚和发展。

对文化和文明的关系，《中国大百科全书》(哲学卷)的界定是：“文化中的积极成果作为人类进步和开化状态的标志，便是文明”，“人类文明从来是以进步文化为基础，没有进步文化的发展，就不会有文明的发展”。所以，文明包括文化，且高于文化，文明是文化的升华；文明离不开文化，文明要以文化为基础，但又不等同于文化，而是文化精华之所在。人类历史上所创造的一切精神和物质形式的成果，其中既有优秀的传世之作，也有落后以至腐朽的糟粕，而只有真正反映时代精神的文化成果，才真正称得上是文明的因素，是人类社会文明发展链条上的一颗颗珍珠。

（三）文明与社会文明的关系

如前所述，法国当代史学家布罗代尔强调文明等同于社会，不仅因为这两个概念指的是同一个现实，而且是两者不可分离。离开社会的支持，离开社会带来的张力和进步，文明便不能存在。所以，这里必须先说明文明与社会的关系。

狭义的社会，一般与经济相对应。所以，常常会用经济与社会协调发展来指称社会，反映社会的发展水平。广义的社会，一般在以下三个层面来表达：一是社会包括经济、文化、生态的大社会概念；二是对社会的发达程度的指称，如“农业社会”“工业社会”“信息社会”“智能社会”；三是对人类社会的演进的指称，如“原始社会”“奴隶社会”“封建社会”“资本主义社会”“社会主义社会”“共产主义社会”。显然，以上三个层面关于社会的含义，从动态演进的意义上看，无论是从“农业社会”演进到“智能社会”，还是从“原始社会”到“共产主义社会”，反映的是文明在社会领域的进步。

如果说人脱离动物世界，脱离愚昧落后是一种文明的开端，那么，人类从“农业社会”进入到“信息社会”，不仅表明了人类创造的文明不断从低端走向高端，而且表明人类文明的储存方式进入了以信息、数字等方式来储存、表达、交流的社会，文明的信息以几何级倍数增长。在上述意义上，文明与社会具有高度的相关性与一致性，讲文明，不能脱离承载文明与促进文明发展的社会。

值得注意的是，布罗代尔关于“文明隐含和包括的时代，相比于任何特定的社会现象要长得多”的论断。毋庸置疑，文明从其不断提升、进步的历史长河中看，肯定比某一社会形态以及某一社会现象长得多。但是，布罗代尔对特定社会现象缺乏准确的分析说明，特定的社会现象可以指特定社会形态中的社会理想、社会价值观、社会思潮，等等，文明的时段自然比它长。这样的说明意义不大。重要的是阐释文明与社会文明的关系。

社会文明一般是指：(1) 某一社会发展阶段的社会文明，如中国特色社会主义时期，改革开放之前（计划经济时期）的社会文明，明显不同于改革开放以后的社会文明。两者的水平不能简单地以“文明有礼”“友好互助”等伦理道德来评价。因为改革开放以后的社会文明是在“社会分层”“社会利益”“社会结构”等大调整之后的社会文明，两者只有相对可比性。改革开放40年来随着科技进步，综合国力增强，人民生活水平提升而形成的社会文明，虽然还有种种不足，但它是在更高层次上的社会文明提升。(2) 同一社会发展阶段不同地区、不同国家之间的社会文明水平。如中国东部发达地区的社会文明相对高于中西部相对落后地区的社会文明；中国作为一个发展中国家，仅从公民出行的火车站、长途汽车站等来观察，其社会文明程度远低于英国、德国、日本等发达国家。所以，国家“十三五”规划明确到2020年全面小康社会建成，社会文明程度与市民文明素质明显提高。

对社会文明做分析后不难看到，文明作为一个人类社会的不断进步的状态，相对于社会文明时间段更久远、包容性更宽广，而社会文明则是特指某一社会时期、某一社会阶段的文明。然而，社会文明比一般意义上的文明更直接、更具价值，它直接反映不同国家、不同地区、不同城市的社会文明和谐有序状态，直接影响该地区社会的人与人之间的关系，影响该地区的不同种族、不同民族之间的文明和谐。所以，社会文明的提升更难，它是对一个城市、一个地区市民的习俗、文化、风尚的整合、改变和提升。

在对文明与文化、文明与社会文明的关系做分析之后，我们对文明从如下几个阶段作出新诠释：(1) 从文明与文化的关系看，文明是一个最广泛的文化实体，文明是放大了的文化。(2) 从文明与社会关系的视角判断文明，文明即社会，社会的发展意味着人类文明的进步；社会文明虽然不如文明更久远，但它是不同社会发展阶段反映不同时期的不同国家、不同地区、不同城市的社会文明和谐有序状态。(3) 从文明伴随人类劳动实践的发生与发展看，“文明是实践的事情”。

概括上述三方面含义，一般可说：文明是人类(社会)实践成果中丰富多样的文化样式，标示着永不歇息地追求未来、引导人类不断地从地球文明向宇宙文明拓展的趋势。

二　文明论的新反思

概括近现代以来的种种文明论研究，有突出影响的主要有以下三种：

(一) 文明批判论

1. 卢梭的文明批判论

1755年4月，法国哲学家让-雅克·卢梭在题为《论人类不平等的起源和基础》的论文中，一反长期以来人们对文明的一致赞美之声，对文明发展所带来的祸害给予了严厉的鞭挞，从而成为文明批判论的先驱。恩格斯充分肯定了卢梭文明批判论中所充满的革命辩证法。他说:“卢梭把不平等的产生看作一种进步。但是这种进步是对抗性的，它同时又是一种退步……文明每前进一步，不平等也同时前进一步。随着文明产生的社会为自己建立的一切机构，都转变为它们原来的目的的反面。”[1]显然，恩格斯从卢梭对文明带来的另一面——即不平等的批判中，进一步揭示了人类社会平等与不平等的

[1] [德] 恩格斯.反杜林论[M].中共中央马恩列斯著作编译局，译.北京：人民出版社，1970：137-138.

辩证法。

2. 傅立叶的文明批判论

圣西门和孔德将文明作为进步状态来看待，法国的夏尔·傅立叶则对文明持批判态度。他揭露资本主义文明制度的罪恶，特别是对商业文明的批判更是尖锐和深刻。正因为如此，恩格斯说："在傅立叶的著作中，几乎每一页都放射出对备受称颂的文明造成的灾祸所作的讽刺和批判的火花。"[1]

3. 法兰克福学派等对文明的批判

继卢梭对工业文明的反思揭开了批判科技文明的序幕之后，法兰克福学派、存在主义、罗马俱乐部、汤因比以及爱因斯坦等人，都对科学技术和工业文明进行了反思和批判。法兰克福学派认为，在工业文明社会，科学技术成为意识形态，变成对自然和人进行控制和压抑的统治工具。因而，工业文明是压抑性文明，而发达工业文明是压抑性文明发展的顶峰。马尔库塞指出，发达工业文明是单向度文明。一方面，它是一个富裕社会；另一方面，它又是一个病态社会。在技术帷幕和资本主义经济繁荣的背后，是全面的奴役和对个人精神压抑的日益加剧，是人的尊严的丧失。"人对人的最有效征服和摧残恰恰发生在文明之巅，恰恰发生在人类的物质和精神成就仿佛可以使人建立一个真正自由的世界的时刻。"[2]

（二）文明冲突论

1993年亨廷顿在美国《外交》季刊上发表《文明的冲突》一文；之后又于1996年出版了《文明的冲突与世界秩序的重建》一书，系统地论证了他的有关文明冲突的思想。他认为，全球政治在世界历

---

[1] [德] 马克思，[德] 恩格斯．马克思恩格斯选集：第三卷[M].中共中央马恩列斯著作编译局，译．北京：人民出版社，1972：305.

[2] [美] 马尔库塞．爱欲与文明[M].黄勇，薛明，译．上海：上海译文出版社，1987：19.

史上第一次成为多极的和多文明的；文明之间的均势正在发生变化；以文明为基础的世界秩序正在出现。受现代化的驱使，全球的政治在沿着文明界线进行重组的同时，文明的冲突是不可避免的，但冲突的主要根源将不再是意识形态因素或经济因素，而是文化上的差异，即文明的冲突。

在众多文明的冲突中，亨廷顿认为有两大文明与西方冲突最大，其一就是伊斯兰教，其二是以中国为首的儒教世界。西方世界认为伊斯兰教最不容易接受外来价值观念，是最难同化的。而对于中国为首的儒教世界、亚洲世界而言，也是未来与西方发生冲突的一个焦点。亨廷顿认为，儒教和伊斯兰教之间联系在不断扩大和加深，将可能形成对抗西方的儒教—伊斯兰联盟。亨廷顿还对普世文明持否定的态度。在《文明的冲突与世界秩序的重建》一书中，从普世文明的来源上否定了“文化的多元性的终结”，给人们展现了一个多元文化的世界，而世界文化的差异性与多样性正是其文明冲突论的理论基础。但从根本上说，亨廷顿的文明冲突论是一种文化决定论。亨廷顿的文明冲突论表面上承认文化的多样性，实质上是一种内含着文化霸权的理论。

（三）文明实践论

马克思对文明的分析论证很系统、完整。据不完全统计，《马克思恩格斯全集》从第一卷到三十卷，使用文明一词即达2 600多次。在前面四种文明论的研究中，我们已说明马克思、恩格斯以历史唯物主义的眼光，在总结前人对文明研究和认识成果的基础上，第一次把文明的发展同一定的生产方式以及由此产生的阶级关系联系起来考察，揭示了文明的本质。这里再把它作为文明论（也是本文）的哲学基础加以阐释。

马克思认为，“文明是实践的事情”。[1]这就是说，文明是个实践

[1] 马克思，恩格斯．马克思恩格斯全集：第一卷[M]．中共中央马恩列斯著作编译局，译．北京：人民出版社，1960：666.

范畴，具有实践性。实践是人们改造客观世界的物质活动。劳动是实践的基本形式。如果没有劳动，没有劳动实践，就不会有人类，也不会有人类社会文明。实践活动不仅使人类创造了文明，也推动着社会文明的进一步发展。人类在（劳动）实践中，主体（实践着的人）和客体（进入实践领域的客观世界）存在着双重关系的相互作用：客体不断地主体化，自在的自然变成了“人化自然”，主体又不断客体化，在自然界打下自己的印记，物化为客观对象。这种主、客体在实践中的辩证统一关系说明了人们正是在变革客观世界、创造物质世界成果的同时，也改变着主观世界、创造出精神文明。这种物质的、精神的积极成果的总和，便是人类社会发展到一定阶段所体现出来的进步状态——即文明；在这个意义上说，文明的本质是人在实践（劳动实践以及交往实践、创造实践）过程中，人的本质力量对象化的物质的、精神的成果，这种成果折射出文明的状态、趋势。也正是在上述意义上说，文明本质上是实践的事情。

马克思主义文明实践论给我们的启示是：首先，文明是一个实践价值的概念，它是人类本质力量的对象化和实践价值的自我确证。人在实践中创造了文明，反过来文明也确证人的价值，塑造人的素质；文明引导人类走出野蛮的生存状态，在不断创新生产工具、推动生产力进步的过程中，提升人类的生存与发展方式的品质。其次，文明是一个实践时空的概念。文明既具有历时性，又具有明显的地域性特征——即地缘文明，正是这种在特定时空条件下的文明实践，才会有东西方文明的差异，才会有不同种族以及不同民族文化的差异。再次，文明是一个生活实践的概念。文明是特定时代、特定社会人们积极进步的、合乎人性的生活方式，它包括特定的文明生活条件、生活规范、生活习俗、生活关系、生活内容和生活观念等一系列生活要素。正是通过文明的生活才使人与动物相区分，才能标志出人类不同时期生活的水平、质量及其发展程度。

（四）文明论研究对象的价值选择

马克思的文明实践论不仅揭示了文明的本质，而且奠定了文明论研究对象价值选择的基础。换言之，对当代中国文明论研究对象的选择，包括把文明城市作为当代中国文明论研究的一个重要领域，实质上是基于文明实践内蕴的价值需求。

1. 文明实践的转型

以马克思的文明实践论来解读近现代以来西方学者的种种文明论，可以发现：从文明起源到文明实践的研究，从研究对象的关联来看，经历了三次转型。

第一次，从文明起源论向文明形态论的转型。该转型标志着对文明的研究，从一般的人类文明起源的纵向研究，到以横向文明形态（对世界上不同文化形态的分析）研究为主，结合不同文明形态起源（即纵向研究）为辅的文明论研究。该转型既标志着人类文明实践的进展，使人类社会的文明不仅仅摆脱了蒙昧、野蛮状态，而且形成了种种不同的文明（文化）类型。因此，对人类文明的研究要引入文明类型的方法，要研究并揭示不同的文明形态背后的民族文化精神。

第二次，从一般文明形态论向轴心期文明形态论的转型。这也是随着人类文明实践的发展，西方学者雅斯贝斯在了解并研究了中国和印度文明之后，才对东西方不同文明形态同时发生的轴心期（公元前500年为中心）作出了判断。该转型的意义在于：轴心期文明形态论，既是对人类真正的“精神文明”（雅斯贝斯称作“精神革命”）起源的发现，对人类“精神文明”“精神力量”的展示，又是判断史前文明、古代文明等不同文明形态分界的评价标准；既是人类对未来文明思考、创造和发展的思想精神基础，又蕴含了不同文明形态相互区别的思想精神的历史脉络、历史轨迹。

第三次，文明批判论向文明冲突论的转型。资本主义的工业化、现代化在不同时期面临不同的突出矛盾。如果说资本主义工业化早期西方学者对文明的批判，着力于揭示工业化、现代化（现代性）时期资本的负面效应，而在资本主义后工业化、后现代化时期，实际上也是资本的全球化时期，资本面对旧的两极对立世界格局解体的现状，它要寻找并发现有碍于资本全球化的新的“敌对力量”；同时，为了保证一个多种族、多元文化的资本帝国能减少国内种族冲突、一致对外，于是，正在崛起并日益产生重大影响的东方文化，成为资本全球化的一个“假想敌”；文明冲突论的提出，正迎合了这一需求，自然为西方世界普遍接受。这时，资本的原罪不是种种负面效应，也不需要深化文明批判，而是要研究并把握东西方文明的差异、冲突和融合的新特点、新趋势、新影响等。在这个意义上，文明批判论向文明冲突论的转型，是资本（相对于封建等级而言亦是一种文明）在走向全球化的实践中，必然会出现的一种文明转型。文明实践的转型不会停留于一种水平、一种类型，它将随着人类文明实践的拓展、人类文明实践的演进，而不断发生、发展。

2. 文明实践的地缘特点

实践的历史性、区域性决定了文明实践的地缘特点。所谓地缘，也可以说是特定地理状况和自然环境的集合，不仅包括地貌和地形，还包括气候、各种矿物资源等。正如法国历史学家费尔南·布罗代尔所说，讨论文明就是讨论空间、土地及地貌、气候、植物、动物种类，以及自然方面或其他方面的优势。讨论文明也就是讨论人类是如何利用这些基本条件的；一种文明的价值观、思维方式和风俗习惯等等是为地缘—自然条件所根本决定的。[1]

这并非地理环境决定论，而是强调：其一，同一地缘的文明，一

[1] 陈代光.中国历史地理[M].广州：广东高等教育出版社，1997：25-26.

般都起源于同一个地缘世界，或者说发端于直观的看得见摸得着的空间格局。如属于印度文明的人们大多生活在南亚次大陆；属于西方文明的人们一千五百年前主要生活在欧洲中西部，尽管公元16世纪以后他们迁移到南北美洲、澳大利亚、新西兰和非洲南部等地区；属于伊斯兰文明的人们主要生活在从北非、中东至阿富汗再至印度尼西亚这一狭长而广大的地带；属于东正教文明的人们主要生活在欧洲东部和乌拉尔山脉以东的亚洲北部。

其二，发端于同一地缘世界的文明，其深层是共同文化基因的影响。如犹太文明（当然是否存在犹太文明还有争议）共同起源于巴勒斯坦地区；[1]公元2世纪上半叶，犹太人失去了现今巴勒斯坦一带原有的家园。自此，犹太文明“流散”（Diaspora，也译为“散居”）世界各地。一方面，“流散”在世界各国的犹太人，既有共同的犹太文明基因，又在融入当地（寄居国）文化、认同当地的文化和文明的过程中，形成了具有寄居国文化特征的犹太文明。如18世纪法国犹太人对法国国家的认同、美国犹太人对美国国家文化的认同，均高于对犹太民族的认同。正因为如此，才有埃塞俄比亚犹太人、摩洛哥犹太人、德国犹太人、波兰犹太人、俄国犹太人、美国犹太人等差异和区分。另一方面，流散于世界各地的犹太人，虽然在融入当地中有“变异”，即带有寄居国文化特征，但若换个角度看，也可以说是犹太文明的一种扩张方式；也正因为犹太人具有共同的文化基因，共同的犹太教信仰（也可以说是犹太文化精神），所以使他们即使身在他国也会每天向耶路撒冷朝拜，并于1948年在巴勒斯坦地区建立了属于犹太文明的以色列国。

---

[1] 公元前2000年左右，犹太人的祖先从幼发拉底河流域迁居迦南地区（即今巴勒斯坦地区），被当地人称为哈比鲁人，意即渡河而来的人，后讹音为希伯来人。公元前1000年左右，希伯来人开始自称为以色列人，意为与神角力者。公元前933年，统一的希伯来王国分裂为北国以色列、南国犹大。两国沦亡后，遗民被称作犹太人。所以，希伯来人、以色列人和犹太人同宗同源。

3. 文明实践的自觉意识

马克思主义文明实践思想，揭示了人类文明本质特征：人类的文明实践是人的自由自觉实践活动的体现，是人类对文明实践自由境界的追求。

文明实践的自觉意识，是人类在一定历史条件下对文明的自觉选择、自觉创造；人类既选择适宜其生存发展的生态环境，又选择适宜其生存发展的社会人文环境；人文生态环境的不断完善，又成为文明实践水平不断提升的基础：如人类在文明实践的活动中，以其独特的自由自觉的探索创新精神，不断创造出新的文字、绘画、戏曲、舞蹈、音乐等来印证人类文明实践的自觉意识。

轴心期的精神文明，实质上是人类在进入自由自觉的文明实践后才发生的。换言之，文明实践是人类能进步到轴心期文明的动力，文明实践是区分轴心期文明与非轴心期文明的基石。东西方不同的文明实践，形成了具备东西方历史文化特色的精神文明；当今东西方文化的发展，仍然需"自觉意识"的指导，根据文明实践的需求，进行新的文明论的探索。

总之，文明实践的转型要求我们：对文明论的研究不能仅仅满足或停留于传统的文明研究，必须根据新的文明实践的需求，研究世界文明、东西方文明；在放眼世界、比较世界多种文明的同时，更要重视对具有地缘特点的当代华夏（中国）文明的研究；文明实践的自觉意识，要求我们对当代中国文明论的研究，更应关注与重视当代中国千百万民众创建文明城市的实践，更应自觉地把文明城市作为当代中国文明论研究的对象。

三　从文明冲突到人类命运共同体

20世纪80年代，在冷战结束之际，有关国际秩序有两大预言：一是弗朗西斯·福山的历史终结论。它宣称西方资本主义和自由主义民主取得了对其他所有意识形态对手的全面胜利，甚至预言会出现一个单调乏味的和平、宁静的未来；二是塞缪尔·亨廷顿的文明冲突论。如前所述，亨廷顿的文明冲突论建构了一项相当完整的政治理论。它关心的是冷战后的世界政治特点，提出新阶段全球冲突的主要根源不再是意识形态或者国家间经济摩擦和政治对立，而是不同文明之间的矛盾。它解释了冷战后文明冲突论上升的六点原因，预测了相同文明的集团或国家将在未来的全球冲突中凝聚在一起，而儒家文明将同伊斯兰文明联合起来反对西方文明，形成西方对抗非西方的局面。但是，2008年以来由美国发端进而影响全球的金融危机，经过10年的风波，全球不仅未能完全从金融危机中走出来，反而因2018年美国向全球挑起的贸易战，使美国的盟友反击美国。社会主义不仅未终结，中国特色社会主义日益成为全球赞扬、学习的一种制度，削弱了福山的历史终结论。

（一）文明冲突论的终结

随着福山历史终结论淡出历史舞台，文明冲突论试图维护西方价值观、西方意识形态的种种努力，因其自身理论的错误，也失去了昔日曾经拥有的光环。

1. 文明冲突论反映了当代西方一种迷惘和绝望的情绪

亨廷顿“一方面看到西方中心论正在破产，但在深层意识上却仍陷于西方中心论不能自拔”。20世纪七八十年代以来，东亚已经出现不同于西方的现代化模式，以东亚为代表的第三世界正在崛起。同时，美国等西方国家的经济困境和社会危机日益深重。亨廷顿看不到“三十年河东，三十年河西”的世界权力格局转换，仍幻想保持西方霸权，实质上是面对不同发展力量、发展模式的形成而产生的一种迷惘。

苏联解体、东欧剧变后，许多专制政权岌岌可危。人均产值超过

5 500美元的国家，除了中东产油国和新加坡等极少数国家之外，全都是西方国家。即使在东南亚国家，民主诉求也势不可当。日本皇太妃是在哈佛大学受的教育，英语通行于全世界。无论非西方的人士嘴上怎么说，他们心里其实都向往西方模式。所以，亨廷顿预判，现代化即西化，在走向西方式工业化的同时，西方思想潜移默化，深入人心。但是近十年来的西方民主受到越来越多的质疑，中国特色的基层民主自治，日益被世界看好。

亨廷顿担心儒家文明和伊斯兰文明将会联合对抗西方文明，有其敏感和远见之处。但是真正对西方文明构成挑战的是五千年前的华夏文明，是华夏文明的世界性影响。

2. 文明冲突论对于国际政治的视角过于单一

亨廷顿理论自有其精彩之处，但只道出了一部分事实，不应极而言之，成为大道理，而涵盖、排斥从民族、国家、意识形态、经济利益等角度对于国际冲突的解释。他的理论缺乏多层次的分析，很难断言文明冲突与政治、经济冲突相比哪一种最为本质、最为关键。[1]如果文明冲突的范式成立，它是否应排斥其他国际政治范式，当代世界各文明是走向冲突还是走向融合？

在上述问题中，会涉及文明之优劣问题。在当代严肃的政治对话或社会科学探讨中，如果有人说基督教文明优于伊斯兰文明，或者印度文明优于中华文明，是要冒天下之大不韪的。因为，把文明看作世界政治的重要因素加以研究，是有学术意义的。但是，亨廷顿的问题是把文明提高到比民族、种族、经济利益等等因素更为重要的位置，这就缺乏根据了。至于他一定要把世界各大文明的差异说成冲突，而且还是国际政治意义上的冲突甚至会引发战争，那就更加危险，误导性更强。

---

[1] 王逸舟.国际政治的又一种透视——亨廷顿《文明的冲突》一文述评[J].美国研究，1994，1；邝杨.变动中的世界图景——兼评文明冲突论[J].东方，1994，1.

3. 文明冲突大于文化冲突吗

亨廷顿理论的误区，主要不在于他过分强调了文明文化及意识形态对国际冲突的影响，而在于他认定今日世界几大文明之间的冲突，必定大于民族文化之间的冲突。按照亨廷顿的界定，文明是范围最大的文化认同，文明之间最重要的区别不是种族或民族，而是宗教。按照一般理解，文化的概念则同民族相联系，即如康德所说："它的内核最终系于每个民族的历史传统和哲学观念。"

但是，文明都又有文化冲突。在欧洲历史上，欧洲文明意识与民族文化意识既相互矛盾，又相互交织、融合。冷战结束，两大意识形态在世界范围的斗争偃旗息鼓，代之而起的是文明冲突。假如能够论证在人类的精神世界里，跨民族文明的认同强于民族文化的认同和国家认同，那么亨廷顿的理论便言之成理。然而他却没能做到这一点，反而在论文中几次混淆了概念。对于同属精神信仰范畴的当代思潮民族主义，亨廷顿在强调主要以宗教划分的文明，说文明是民族之间的最高文化组合，实际上贬低了民族主义所起的作用。为什么对宗教的认同会高于对民族的认同？这是亨廷顿难以说明白的一个问题，也是在文明冲突论中最大的理论漏洞。问题的复杂性首先在于文明可以是跨民族跨国家的，民族也可以是跨宗教跨文明的。只有在日本这样的少数例子里，文明和民族、国家才近乎是完全的统一体（如果不承认日本文明自成一体，又另当别论）。阿拉伯民族主义与伊斯兰教义密切相关，但伊斯兰教的世界化又同阿拉伯民族主义有矛盾（阿拉伯人是不是个统一的民族，也是有争论的）。伊斯兰教本来是一种民族宗教，其内在核心是阿拉伯人特有的。然而随着一千多年的历史发展，伊斯兰教的民族纯正性被皈依它的众多民族破坏了。土耳其人、伊朗人、库尔德人、马来人、哈萨克人、阿塞拜疆人等民族，都成为伊斯兰文明世界的一部分。在当代世界政治生活中，宗教冲突与民族冲突犬牙交错。如印度和巴基斯坦在克什米尔的冲突，也是民族冲突与宗教冲突的重合。在多种原因导致一种结果的情况下，认定其中一种原因是主因，是不合理、不明智的。

4. 当今世界不同文化的借鉴和吸收

当今的文化，虽然有差异、有矛盾，甚至有冲突，但也不能否认不同文化之间的互相借鉴、互相吸收。如中国文化对印度佛教文化的吸收，说明不同文化之间关系以融合为主导。所以，我们不能因地域、文化、文明、种族、肤色等方面的异同模糊了自己的视线，切忌以“东方”“西方”划线，而应从自己切身的文化关怀出发，培养像托尔斯泰、爱因斯坦和甘地这样的博大胸怀，在这个被种族、宗教、语言、文化分裂及至破坏的世界上，面对人类共同的问题和困境，不但负起对自己的命运，而且也负起对全人类命运道德的责任。这也就是习近平同志所倡导的：建设人类命运共同体，以该命运共同体为平台，促进不同民族、不同国家文明与文化之间的融合和借鉴。

（二）人类命运共同体的新时代

随着世人对美国民主的质疑，对美国金融霸权、贸易霸权的批判，文明冲突论基本上已无什么影响。尤其是，随着习近平新时代中国特色社会主义思想的理论的提出，随着人类命运共同体思想被世界各国的接受，全球开始进入人类命运共同体的新时代。

1. 马克思关于真正共同体的思想

马克思1842年在《莱茵报》工作时期，第一次对普鲁士这一国家共同体进行了反思。后来，马克思在《论犹太人问题》和《黑格尔法哲学批判导言》中，在对政治解放和人类解放、市民社会和政治国家进行分析时大量使用了共同体的表述。尤其是在1846年马克思恩格斯合著的《德意志意识形态》中，在批判资产阶级国家虚假的共同体的同时，提出了建立把人从被奴役、被统配和被忽视的社会关系中解放出来的真正共同体。马克思设想的真正共同体是人的个性自由在共同体中得到的全面发展的共产主义社会。

马克思在批判虚假共同体中提出真正共同体的思想，既是一种理想追求，又是一种现实的期待。当然，马克思生活的时代，还没有一个社会主义国家，还缺乏构建真正共同体的基础和条件。不过，马克思关于真正共同体的思想，既是习近平同志人类命运共同体思想的理论依据，又给我们提供了研究构建“两个文明”协调发展利益共同体的重要思路和方法论启示：一是马克思的共同体思想彰显了人类社会生活共同体的本质。人类社会生活共同体是基于个体特殊利益与群体共同利益之间的共性需求、共同利益诉求；二是只有当个体的特殊利益与群体的共同利益完全一致时，共同体才能真正代表着每个人的利益诉求，才能真正成为代表一切人的真实共同体；三是马克思的真正共同体思想展现了社会主义学说从空想走向科学的价值诉求，为中国特色社会主义成为中国人民共同的价值追求，提供了思想与理论依据。

2. 习近平同志人类命运共同体思想的创新

面对错综复杂的国际关系，建设一个什么样的世界，如何建设这个世界是关乎人类命运的重大课题。党的十八大以来习近平同志站在人类历史发展的高度，以大国领袖的责任担当高瞻远瞩，提出了构建人类命运共同体的思想。这是新时代对马克思共同体思想的继承和发展创新，充分彰显了五千多年中华文明的优良传统和新时代和平外交的核心价值。如果说人类命运共同体在国际上着重展示的是构建新型国际关系思想，在国内则是以中国梦为共同目标，通过“两个文明”协调发展的利益共同体，进而促进人类命运共同体的构建。

（1）人类命运共同体思想的提出

2013年3月，习近平同志在对俄罗斯进行正式国事访问期间的主旨演讲中，第一次向全世界提出了人类命运共同体理念。2015年，习近平同志在博鳌亚洲论坛以及第七十届联合国大会讲话中，先后两次强调了构建人类命运共同体的思想。2017年1月，在联合国日内瓦办事处演讲时，习近平同志为“世界怎么了、我们怎么办?”提出的中国方案是:“构建人类命运共同体，实现共赢共享”。2017年10月，“构建人类命运共同体”写入党的十九大报告。2018年第十三届全国人大一次会议表决通过的《中华人民共和国宪法修正案》，将“推动构建人类命运共同体”写入宪法，标志着推动构建人类命运共同体被确定为全党全国人民的共同价值追求。

（2）人类命运共同体的创新实践

人类命运共同体思想不仅源自马克思主义的哲学传统，如马克思关于“人是类存在物”的思想，“历史向世界历史转变”，从而构成人类命运共同体历史基础的经典论断；更是马克思批判虚假共同体，追求真正共同体的思想，成为人类命运共同体的价值基础。中国积极倡导联合、合作、共享价值观的人类命运共同体，而且将马克思一生追求的真正共同体所蕴含的价值通过人类命运共同体破解国际关系难题，凝聚关爱人类命运共同体的共识。

更难能可贵的是：习近平同志的人类命运共同体思想，关键是中国已从“一带一路”、金砖合作、上合组织等层面，将人类命运共同体通过政治、安全、经济、文化、生态五个方面的核心要义融入人类命运共同体的实践。

一是“一带一路”的建设。“一带一路”的建设根植于丝绸之路的历史土壤，把沿线各国人民紧密联系在一起，致力于合作共赢、共同发展，让各国人民更好共享发展成果，这既是对丝路精神的传承，也是中国倡议共建人类命运共同体的重要目标。同时，“一带一路”建设实现了各国政策和发展战略对接，深化了务实合作，促进了协调联动发展，使各国民众在合作中得到了实惠，彼此距离进一步拉近，各方愈发形成更加紧密的利益共同体、命运共同体、责任共同体，开辟了合作共赢的新天地。

二是金砖合作机制。金砖合作机制是中国、俄罗斯、印度、巴西、南非等国共同建立的人类历史上首个以非西方大国为主体的合作机制。2017年6月，习近平主席在北京会见金砖国家外长代表团团长时指出："金砖合作是一个创新，超越了政治和军事结盟的老套路，建立了结伴不结盟的新关系；超越了以意识形态划线的老思维，走出了相互尊重、共同进步的新道路；超越了你输我赢、赢者通吃的老观念，实践了互惠互利、合作共赢的新理念。"这三个"超越"是对金砖精神的深刻诠释，也是对人类命运共同体理念的丰富和实践发展。

三是上合组织。2001年6月14日，"上海五国"成员国元首和乌兹别克斯坦总统在上海举行会晤，吸收乌兹别克斯坦加入"上海五国"机制。六国元首共同发表了《上海合作组织成立宣言》。从2001年到2018年，先后组织了18次峰会。尤其是2018年第十八次青岛峰会，习近平同志发表题会《弘扬"上海精神" 构建命运共同体》的重要讲话，强调构建起不结盟、不对抗、不针对第三方的建设性伙伴关系，提出"上海精神"，提倡创新，协调绿色、开放、共享的发展观，践行共同、综合、合作、可持续的安全观，秉持开放、融通互利、互赢的合作观，坚持共商、共建、共享的全球治理观。显然，上合组织正在成为推动建设新型国际关系，携手迈向持久和平，普遍安全、共同繁荣开放、清洁美丽的世界命运共同体。

四 新时代城市文明的利益共同体

人类命运共同体思想通过"一带一路"、金砖合作、上合组织的实践，展现的是中国作为当今世界负责任的大国的担当和世界胸怀，期待引导人类建立一个共治、共生、共荣、共享和共赢的世界，展现了中国坚定不移的在和平共处五项原则基础上发展同各国友好合作，推动建设相关尊重、公平正义、合作共赢的新型国际关系的努力和实践。人类命运共同体的国际关系实践，又以新时代国内全体人民追求城市文明中国梦的实践为背景和基础。

1. 文明城市何以成为利益共同体

创建全国文明城市之所以能成为“两个文明”协调发展的利益共同体，原因在于：一是人民普遍希望——城市让生活更美好。然而，随着国家综合国力的提升，城市经济发展、人民物质生活水平的提高，城市缺乏精神追求，城市文明治理水平不高，市民文明行为养成难等问题，成为困扰物质生活与精神生活、物质文明与精神文明协调发展的难题。创建全国文明城市是破解这一难题的最佳选择、最佳载体；二是文明城市是物质文明、政治文明、精神文明、生态文明协调发展的城市。其协调发展不仅体现在城市的形态文明、城市的功能文明、城市的物质文明方面，而且是城市形态、功能、物质文明的有机统一；三是20年来创建全国文明城市、文明单位、文明村镇、文明家庭、文明校园等创建活动的实践，不断向世人证明“文明创建”实践是千万民众共建共享物质文明与精神文明协调发展的利益共同体。

2. 深化全国文明城市的利益共同体建设

创建全国文明城市之所以能经久不衰，是因为已从六个层面构建起促进“两个文明”协调发展的利益共同体。

一是共建共享社会主义核心价值观。全国文明城市必须是培育与践行社会主义核心价值观的“排头兵”。所以，争创全国文明城市不仅要营造培育和践行核心价值观的氛围，像空气一样渗透到工作、生活、交往的方方面面，而且针对不同的要求、不同的群体，根据不同的身份、地位和职业特点从国家和社会层面培育“自由、平等”的核心价值观，从个人层面践行“爱国、敬业、诚信”的核心价值观。

二是共建共享中国特色社会主义文化。全国各地文明城市创建，不仅通过“文图博”以及基层文化阵地、优秀传统文化讲座、经典诵读、优秀传统戏曲进校园、进社区、进农村等传承中国优秀传统文化，而且通过春节、元宵节、端午节、中秋节等传统节日，广泛开展具有各地文化特色的弘扬与传承中国非物质文化遗产的活动。这些活动参与群体广泛、参与热情高、参与效果好，能够广泛开展共建共享的中国特色社会主义文化，成为全国文明城市的一项重要测评内容。

三是共建共享民生幸福工程。文明城市创建不仅突出创建为民、惠民、利民，而且从文明城市的“硬件”“软件”环境以及测评项目的设置上，体现民生幸福工程：(1)硬件设施突出与市民生活密切相关的集贸市场改造、老旧小区生活环境改善、背街小巷、城乡结合部、“城市村”环境卫生的整治，等等；(2)为市民营造和谐宜居的生活环境，便捷高效的出行环境；(3)发展“文图博”等公共文化建设事业。

四是共建共享服务文明。城市窗口单位的服务文明水平，是一个城市的名片，是一个城市的“软环境”。服务文明不仅仅是窗口单位的事，也与市民相关。

五是共建共享城市秩序。文明城市测评对“文明出街”“文明交通”“文明旅游”“文明消费”以及市民在公共场所的文明行为的测评，可以说是2011年提出文明城市要成为培育核心价值观“排头兵”的要求之后，共建共享“核心价值观”的行动，不仅在文明城市中广泛推进，而且正在成为全国人民的价值共识。

六是共建共享城市文明环境：(1)城市公园、广场、铁路、长途汽车站等环境卫生，离不开市民个人的文明卫生习惯；(2)城市的垃圾分类之所以推进艰难，与市民的参与度低有密切关系，这说明更需要大家共建共享；(3)城市的绿色生态环境，不仅需要政府投入，文明城市创建积极引导市民参与植树护绿，发展环保志愿服务，还包括相关单位的管理等。这说明，一个城市的秩序文明是管理者与被管理者共建共享的成果。

五　新时代人文特色厚重的文明城市

城市文明的利益共同体，成为引导全国各地创建全国文明城市（城区）的目标动力。2005年以来先后评选表彰了197个全国文明城市（城区），391个城市（城区）被命名为全国文明城市（城区）。这些城市不仅普遍追求崇德向善，营造和谐宜居的生活环境，而且形成了各具人文特色的文明城市，厚重的人文特色在全国文明城市（城区）创建中不断彰显其魅力。

（一）以厚重的传统文化彰显文明城市之魂

1. 马鞍山：中国诗歌之城

文化是一个国家、一个民族的灵魂，更是文明的承载、城市的“精气神”。2009年元月，作为工矿城市的安徽马鞍山，当时在城市建设、城市管理、城市整体形象、居民生活环境等显性条件没有竞争优势的情况下，一跃成为中部地区第一个全国文明城市，凭借的正是这座城市的文化底蕴和文化自信，用厚重文化建设城市文明，用文化力量涵育文明市民，使文明创建之路越走越稳、越走越宽、越走越远。

马鞍山是唐代大诗人李白终老之地，他在这里留下了《望天门山》等50多首脍炙人口的诗作。从1989年起，马鞍山充分挖掘地方历史文化资源，已连续举办29届中国李白诗歌节，弘扬诗歌文化，传承中华经典，被誉为“中国诗歌之城”。每年重阳节前后，来自世界各地的诗歌创作者、爱好者与马鞍山市民一起，开展吟诗诵典、诗歌创作、歌舞表演、李白研讨等丰富多彩的文化活动，把李白诗歌节打造成“诗歌的盛会、宣传的窗口、人民的节日、朋友的聚会”。

同时，马鞍山把优秀传统文化教育作为全市中小学生的必修课，组织编写《课本上的马鞍山》，在校学生人手一册，让孩子们从小就记住李白的《姑孰十咏》、刘禹锡的《陋室铭》、王安石的《游褒禅山记》、李清照的《夏日绝句》等一篇篇耳熟能详，与马鞍山历史密不可分的优美诗文，并以古诗文吟诵、古诗文表演、古诗文书法比赛和戏曲进校园为载体，广泛开展“雅言传承文明，经典浸润人生”中华经典系列主题教育和“跟着课本游马鞍山”特色活动，让优秀传统文化落地生根、润物无声。

2. 双鸭山：以北斗星形象为城市布局的古城

黑龙江双鸭山人类文化历史悠久。饶河小南山古城遗址出土的墓葬玉器可以证实，我国最早的玉器在双鸭山出土，距今九千多年，被学者称誉为“东亚文明的曙光”；凤林古城遗址，是目前已知三江平原汉魏时期乃至东北亚极边地区发现的结构最复杂、规模最大、宫城与宫殿出现最早、保护最好的古代王城，也就是说，在双鸭山市区域上，曾出现过早期国家的形态；位于挠力河岸边的炮台山古城遗址顶城中的“北斗七星祭坛”，是我国目前发现的以天文星座——北斗星形象为城市核心建筑布局建造的首例古城遗址，说明双鸭山区域古人类已经将天文学运用于生活；据考古考证，在距今一万三千年前的旧石器时代晚期，双鸭山区域就有人类文化的传承，说明了双鸭山所在的北大荒区域亘古不荒凉。

双鸭山多种文化交融。以满族先人挹娄人和赫哲族为代表的东北渔猎民族渔猎生活写就的渔猎文化；抗联时期，东北抗联军民写就的东北抗联文化；百万官兵垦荒，南泥湾精神写就的东北屯垦文化；知识青年上山下乡，千百万下乡知青用青春年华写就的知青文化；现代农业建设，大农场、大农田、大农机写就的北大荒文化。多种文化的交融，丰富了双鸭山的文化内涵。

双鸭山城市文化传承。城市博物馆、抗联纪念馆、知青村、民俗馆、湿地文化宣教中心等一批文化场馆，成为这座城市的文化传承阵地，多种文化的交融，让人们在复读历史的同时，坚定了阔步向前的信心。

3. 浏阳记忆：重现浏阳千年古县底蕴

《三国志》记载，东汉建安十四年（209年），孙权拜周瑜为偏将军领南郡太守，以浏阳为其四俸邑之一。浏阳之名最早即见于此处，至今已历经一千八百多年。在漫长的历史长河中，湖南浏阳这座古老的城市，孕育出了深厚的文化底蕴。

文化代表和反映着一座城市的特色品味和形象风格，也是区别于其他城市的独特魅力所在。九曲浏河绕城过，两岸文化潮涌起，浏阳以其历经千年孕育出来的气质，成为湘楚一颗璀璨的明珠。风华卓越，传奇仍在续写。2015年4月14日，"咚咚咚……"一段尘封的古乐，重新回响在世人面前，这是继1948年浏阳文庙进行最后一次祭孔后，浏阳古乐67年来再次公开亮相。2015年11月6日，浏阳古乐第一次走出浏阳文庙，亮相第十二届中国（浏阳）国际花炮文化节的现代舞台，成为浏阳又一张文化名片。

浏阳古乐、浏阳花炮、浏阳文物、浏阳夏布、浏阳贡纸、浏阳戏曲……千年古县，文化悠长，一张张名片如同一幅幅厚重的画卷，让人热血沸腾。市志档案局"浏阳记忆"陈列展览馆，重现了浏阳千年古县的底蕴，流淌着时间和历史的烙印。

传承，是对浏阳文化推陈出新的基础。2018年6月22日，"欢乐潇湘　品质长沙　美丽浏阳"浏阳市戏曲文化进校园暨文化志愿者进少年宫启动仪式，在浏阳市教师进修学校附属小学报告厅举行。文化进校园，这是浏阳文化的再度发光发热，意味着浏阳的戏曲文化传承工作又往前迈出了一步。

据省志、浏阳地方志及中国戏曲音乐集成《湖南卷》等记载：1659年就有了"二人转""对子戏""打花灯"等浏阳地方花鼓的演出。浏阳文化之浏阳戏曲，同样有着滚烫的历史印记。

底蕴悠长，浏阳夏布也历经过几度浮沉。如今，浏阳对这一传统手艺加大了保护和传承的力度，高坪镇政府已在太平村建立了浏阳夏布文化展示中心，帮助成立浏阳夏布生产手工艺传承保护协会，建立浏阳夏布信息平台。浏阳夏布的传承人谭智祥，更是受邀前往北京服装学院上课，向学生讲解示范浏阳传统夏布的生产过程，其作品受到海外诸多国家地区的青睐，影响深远。

更多的历史文化，在新的时代舞台散发出夺目光彩。浏阳文庙祭孔音乐已列入国家非物质文化遗产保护代表性项目名录；大围山镇楚东村被批准为第二批中国传统村落；2016年，浏阳花鼓戏、浏阳客家山歌、浏阳皮影等四项列入省级非遗项目；浏阳夏布、浏阳豆豉、浏阳油饼、浏阳油纸伞、古山贡纸、浏阳小曲古法酿制技艺列入长沙市级非遗项目；谭嗣同纪念馆被确定为“长沙市海峡两岸交流基地”……厚重底蕴的流淌，是这座千年古城最让人着迷的风韵。

4. 许昌：打造三国文化、钧瓷文化的文化地标

城市文化是城市的“精气神”，是城市的灵魂。一座城市的文化内涵底蕴不是说它有多美、规模有多大、有多么著名，而是说这样一座城市应该是一种或多种文化的发源地、聚集地，构成城市深厚的文化底蕴。如果一些原来颇有地方特色、民族特色和历史文化特色的城市被“千城一面”了，那么还有什么城市特色可言呢？建设文化厚重之城，河南许昌以其特有的历史文化资源，紧紧抓住时代机遇，以文化对接产业，把资源变成资产，大力发展城市建设，在改善人居环境的同时，打造一个个文化地标，让三国文化、钧瓷文化、生态文化、姓氏文化逐渐叫响海内外。

文化是一种历史现象，每个社会都有与之相适应的文化，并随着社会物质生产的发展而发展。文化之于城市，是历史记忆，更是现代时尚。许昌是华夏文明的重要发祥地之一，有着悠久的历史和灿烂的文化，地上地下文化遗存非常丰厚，享有“魏都”“钧都”“花都”“药都”“烟都”和“中国三国文化之乡”“中国钧瓷文化之乡”“中国蜡梅文化之乡”“中国烟草文化之乡”的美誉。全市共有

不可移动文物3812处，建设文化厚重之城具有得天独厚的条件。同时也存在着一些短板，主要表现在文化形象与“三国历史文化名城”的地位还不相适应，文化特色不够鲜明，特别是还缺少能够体现三国文化、中原文化特质，具有地域代表性的文化地标。

许昌文物古迹众多，其中的汉魏故城，关羽辞曹挑袍的灞陵桥，关羽秉烛夜读的春秋楼，曹操的射鹿台、练兵台、屯田处，曹丕登基受禅台，神医华佗墓等三国胜迹颇为有名。因三国文化丰富，许昌被国家列入“三国文化旅游圈”的重要城市。同时，以“三曹”为首的建安七子，开创了彪炳史册的建安文学，使许昌成为建安文学的发祥地。在数千年历史中，许昌还孕育了法家韩非子、杂家吕不韦、画圣吴道子、楷书鼻祖钟繇、三国名士“荀氏八龙”等一批名人先贤。这些都是建设文化厚重许昌的优势。

许昌建设文化厚重之城的最大优势是资源丰富、品牌突出、基础扎实、前景广阔。许昌有非常悠久的历史，发生过许多有重大影响的历史事件，孕育出众多彪炳史册的历史人物，积累了大量文化典籍和历史遗存，不仅形成了独具特色的古城地域文化、名人圣贤文化、姓氏根亲文化等可供传承弘扬，而且也保留有精美绝伦的陵墓碑刻、馆藏文物、名优特产可供开发利用。特别是经过多年打造，厚重博大的曹魏文化，瑰丽神奇的钧瓷文化，多姿多彩的生态文化，韵味无穷的戏曲文化已成为许昌的文化品牌。许昌戏曲曾8次进京汇报演出，有30多部富有时代特征和许昌特色的剧目被搬上银幕荧屏，在中国戏曲史上创下多个第一。不过，传统文化资源挖掘整理工作分散、零碎，有的研究也欠系统、科学；文化艺术产品生产大作、力作较少。

许昌建设文化厚重之城优势颇多，主要体现在文化资源丰厚，人文环境优良。许昌禹州是大禹的封地，大禹因治水有功，被封于夏，大禹以封地夏为国都，建立了第一个奴隶制社会。许昌之禹州因大禹而得名，所以许昌是人类农耕文明的重要发源地。公元196年，曹操奉迎汉献帝定都许昌，公元220年，曹操的儿子曹丕代汉自立，建立魏国。所以许昌是曹魏文化与建安文学的重要发源地。许昌还是关羽建功立业之地，关公文化的精彩篇章均发生在许昌，或跟许昌关系密切，所以许昌是关公文化的重要发源地。建设文化厚重之城，要充分挖掘和发挥好这些优势。

（二）革命文化助推全国文明城市创建

1. 广安，一片红色的热土

广安历史悠久，早在石器时代就有先民在这片神奇的土地上繁衍生息，有记载的文明史可追溯到三千多年前。春秋时期，这里属巴国领地。公元969年，取“广土安辑”之意设广安军，广安因此得名。自宋开宝二年至民国，历朝历代在广安设置军、州、府建制历史达九百多年。

广安曾隶属古巴国，巴文化底蕴深厚，在民间至今遗存的“下里巴人”、“巴渝舞”、“竹枝舞”、“滑杆抬幺妹”、岳池灯戏等民间艺术里还找得到巴文化的影子。

广安民俗文化独特，武胜嘉陵江国际龙舟旅游文化节、岳池川东农家文化节，内容丰富，剪纸、高亭、灯戏、手掌木偶等被列为省级非物质文化遗产名录。广安文化遗存丰厚，这里有被考古专家认为是代表新石器时期的一种新的地方考古学文化类型的华蓥代家嘴遗址；被誉为“国内罕见、蜀中第一”的川东军事要塞——宝箴塞；13世纪文物精粹——安丙家族墓地；隋唐冲相寺摩崖造像；展示古代巴人粗犷神韵的武胜山水岩；汉至南北朝崖墓群出土的一批手工捏制陶俑；被专家认定为同时期同类器物传世品的断代标本的华蓥安丙家族墓地出土的青玉童子；被国内外青铜器专家视为宋代青铜器的标准器的广安区宋代窖藏青铜器；还有张大千、徐悲鸿等许多名家书画作品……这些文物是广安文化遗产的精品，成为广安人引以为豪的资本。

内涵丰富的广安文化孕育了一大批仁人志士。汉有一代名将庞雄，宋有鲁国公安丙，明有户部尚书王德完，还有刘邦部将纪信，三国蜀将王平，晚清名将李准，近现代有四川保路运动领袖蒲殿俊，黄花岗七十二烈士中的秦炳，数学泰斗何鲁，《红岩》作者杨益言等。他们在历史上留下了深深的印记。

一代代广安儿女，在中国历史上各领风骚，名扬四海。一代伟人邓小平，更使广安名扬天下，举世瞩目。

广安红色文化厚重，先烈们的战斗遗迹比比皆是，尤其是1948年爆发的华蓥山武装起义，影响深远，意义重大，小说《红岩》中许云峰、“双枪老太婆”等英雄人物的原型都诞生在广安。

广安是一代伟人邓小平同志的家乡。邓小平15岁自广安县城东门码头顺渠江而下，从重庆启程远赴法国，开始了他一生波澜壮阔的革命生涯，为中国革命和中华民族的伟大复兴作出了卓越的贡献。在他的家乡，其青少年时期的活动场所已成为全国重点保护文物，成为广安红色文化的精髓。

翰林院子、蚕房院子、洗砚池、邓家老井、德政坊、神道碑、佛手山邓家先孺墓、北山小学堂，这些凝聚传统历史人文的地方，因邓小平同志的光辉业绩而熠熠生辉。邓小平故里以邓小平同志故居为核心兴建，占地面积55.33公顷，这里郁郁葱葱，布局井然，游客至此，仰慕之情油然而生，是全国著名的爱国主义教育基地。

华蓥山是广安红色文化的灵魂，也是“红岩”的故里，更是“红岩精神”的源泉。广安武胜籍作家杨益言参与创作的名著《红岩》使华蓥山的红色文化名扬天下。如今，在华蓥山游击队战斗过的地方，还留有战斗遗址、中共南方机关报《新华日报》造纸厂遗址等红色文化遗存。

如今，在广安这片红色热土上，每年都有“广安红马”等大型的红色文体活动上演。同时，广安独特的文化氛围，还吸引了上海文广集团、心连心艺术团、爱乐乐团等著名文艺团队赴广安演出。通过这些活动，既丰富了广安广大群众的文化生活，也为广安注入了现代文化的血液。

广安是一片红色的热土，每年广安都会有丰富多彩的活动，让广安的红色基因代代相传。在邓小平同志诞辰纪念日和邓小平同志逝世纪念日，广安都会开展一系列活动，纪念邓小平同志。同时，广安的广大干部群众，也会自发前往邓小平故里，敬献鲜花，寄托哀思，深切缅怀邓小平同志的丰功伟绩，接受红色文化的教育和洗礼。

广安各学校学生每年也会自发前往邓小平故里，开展青少年爱国主义教育活动。“这样的活动能让我们铭记历史，铭记革命先烈的丰功伟绩，长大后才能更好地报效祖国。”广安区希望小学学生李艳说，她每年都会去缅怀邓小平爷爷，学习他崇高的风范。

2. 淮北：构建独具特色的红色文化长廊

淮北，雕塑《相土东来》既是城市的地标，也是城市的徽标，讲述了公元前21世纪商汤十一世祖相土由商丘东迁于此建城的故事。“二十四孝”之蔡顺“拾葚供母”、孔子七十二弟子之一闵子骞“鞭打芦花”的故事就发生在淮北。作为一座有着悠久历史积淀和深厚文化底蕴的城市，淮北一直用历史文化独有的凝聚力和感召力，助推经济社会发展。

在第38届世界文化遗产大会上，中国大运河列入《世界遗产名录》，濉溪县柳孜运河遗址入选其中。随后，淮北市以柳孜运河遗址为核心，编制《中国隋唐大运河柳孜运河遗址景区旅游规划》，并已经争取国家文化旅游发展专项基金，最终将其建成国家5A级旅游景区。2016年，隋唐运河古镇“五凤三阁”对外正式开放。而在中国隋唐大运河博物馆内，一件件精美的馆藏文物迎接着众多前来参观的市民，无声地诉说着大运河的前世今生。

淮北地区是淮海战役的主战场之一，曾有160多万民众和13多万辆小推车参战支前，当地有着深厚的爱国拥军传统和丰富的红色文化资源。近年来，淮北市积极传承红色文化基因，打造红色城市品牌，建成小朱庄战斗烈士墓等众多国家级和省市级爱国主义教育基地，还投资修缮小李家庄、文昌宫、双堆集等战场旧址20余处，构建了独具特色的淮北红色文化长廊。

2017年3月30日，位于韩村镇淮海村的小李家红色博物馆举行开馆仪式。淮海村小李家庄是淮海战役总前委旧址所在地。1980年，“小李家”成为安徽省文物重点保护单位，现为安徽省青少年爱国主义教育基地，纳入安徽省红色旅游线路。小李家红色博物馆落成，矗立总前委雕塑的红色主题文化广场建成，中共淮海战役总前委旧址进一步完善，作战处旧址、机要处旧址、首长小伙房旧址、首长住处旧址、思源井、防空洞遗址等完成原貌恢复，小李家红色旅游景区初见雏形。结合当地历史人文及特色民俗文化，大力发展红色旅游，生动践行习近平总书记关于“把红色资源利用好，把红色传统发扬好，把红色基因传承好”的重要指示精神，为深入实施中国碳谷·绿金淮北战略增添了新活力。

（三）核心价值观厚植起大城市文化自信

1. 北京西城区：文化植根于人民心中

作为首都核心功能区，北京市西城区文化发达、人才荟萃，独特的人文景观、丰厚的文化蕴藏构成了西城的文化特色。近年来，西城区充分发挥文化引领风尚、凝聚民心、服务社会、推动发展的作用，以首都意识、首善标准、首创精神，围绕“记忆西城、书香西城、艺术西城、时尚西城”建设，做好“以文化城”这篇大文章，打造首都文化示范区。

作为北京胡同的发源地，西城区的砖塔胡同是元、明、清三代戏曲活动的中心。90多年前，鲁迅先生在这里创作了《祝福》《在酒楼上》等名篇。

如今，这条胡同依然不寂寞，胡同边上的万松老人塔被西城区政府引入民企打造成公共阅读空间，专营老北京书籍。“这儿有别处找不到的书，”一位读者说，“在充满京味儿的环境里，读有关北京的书，就像读自家的历史。”

像“砖读空间”这样的公共阅读空间，已在西城区遍地开花。体制机制的创新，带来了文化建设的活力。在整合文化资源的同时，西城区还千方百计挖掘区内潜在空间，如修缮一新的地安门雁翅楼、红楼电影院，筹划整修中的粤东新馆等古建筑，未来都将成为人们读书的好去处。

提起“天桥”，人们就会想起清人笔下“酒旗戏鼓天桥市，多少游人不忆家”的景象。如今，在天桥地区，4个剧场、3 000多个座位的天桥艺术中心即将竣工。有“音乐剧之王”美誉的《歌剧魅影》，将作为艺术中心的开幕大戏登陆北京。

西城区文化资源丰厚，拥有国家大剧院、国家京剧院、中央芭蕾舞团等十几家国字号文艺团体，演出剧场30余个，每年演出6 000余场，观众达300万人次。群众文化活动丰富多彩，西城区“万人走进艺术殿堂”优秀剧目展演季让居民大饱眼福。家住虎坊桥的杨红英说：“我今年70岁，与中芭做了一辈子邻居，以前却连一场芭蕾舞都没看过。”中芭带着《红色娘子军》《胡桃夹子》两个经典剧目在西城区展演，令百姓大呼过瘾。

为了让人们感知艺术的凝聚力，西城区建立社会文化资源共享机制，每年拿出上千万元文化公益金，推出“百姓戏剧节”、戏曲演出季等活动，通过“百姓看戏，政府买单”，把文化植根于人民心中。

故园一梦，沧桑百年。作为首都中心区，西城是燕蓟城、唐幽州、辽南京、金中都的所在地，涵盖了元、明、清皇城的大部分地区，北部形成了以王府、宫殿等文物资源为特色的皇城文物区，南部形成了以民族文化、会馆、民俗表演为特色的文化资源区。此外，传统的戏剧、曲艺、杂技、民间舞蹈，传承百年的昆曲、天桥中幡、北京内画鼻烟壶等非物质文化遗产，也为西城的历史文化增加了厚重感。

在北京的43片历史文化保护区中，西城占了18片，31.11平方公里的旧城占北京的49.8%。101所会馆，鲁迅、老舍、齐白石、梅兰芳、程砚秋等名人故居，见证了历史上许多重要事件。

2. 上海徐汇区：在“汇善汇美”中彰显核心价值观

2015年以来，徐汇区坚持以社会主义核心价值观为引领，增强市民文明意识，规范市民文明行为，营造城市文明氛围，努力建设崇德向善的中心城区。在这里，道德模范从来不是“朦胧美”的，而是常常走入社区与居民面对面来次“故事会”；在这里，历史风貌区内深秋的落叶总被善待，飘散满地的“黄金蓑衣”暗地里滋养着民众守护环境的自觉；在这里，九旬法式老宅内的居民可经常出入比邻的一流文化院团，为自身文化鉴赏能力“充值”；也是在这里，社区大妈和校园学生能步入一流美术场馆观看那些世界级大师的作品……

何谓文明。它应当是符合人类科学认知、精神追求，且能被绝大多数人认可并接受的人文精神、发明创造以及公序良俗的总和。上海作为中西文化的交汇地、近代海派文化的发源地，在创建全国文明城区的过程中，徐汇区委、区政府紧抓社会主义核心价值观，以此为引领在实践中探寻出了一条适合徐汇的最优路径——弘扬崇德向善、厚植文化自信。

在这儿，社会主义核心价值观成为创建工作的灵魂工程，始终在贯穿结合融入、落细落小落实上下功夫。核心价值观也体现到创建工作各环节、渗透到生产生活各方面。塑城区之魂、育城区之德，创建文明城区也成为市民文明有礼、人际关系和谐、公共秩序井然、社会风尚良好的生动标杆。

文明，厚重踏实，而又生动透气，徐徐而来，汇善汇美。

文化代表和反映着城市的特质品味和形象风格，也是一个城市区别于其他城市的独特魅力所在。创建全国文明城区，要把城市的文化建设摆上重要位置，用建筑风格提升城市品位，用人文精神增添城市魅力，用文化生活打造城市气质。

徐汇区有上海规模最大的历史风貌保护街区，面积达4.3平方公里，有1 074幢优秀历史建筑，1 620幢保留历史建筑。这些有故事的梧桐树和老宅子，是上海海派文化的主要来源，也是传承和弘扬海派文化、展现时代文明与情怀的最佳载体。

在创建全国文明城区过程中，徐汇启动了一项“衡山复兴计划”，不断加大整治保护力度，推进历史文脉延续、城市记忆保存和环境品质改善，通过整体规划及个性化修缮，历经历史变迁而留下的斑驳与喧嚣，最大可能还原风貌区最初的风雅雍容。

2017年，徐汇围绕15条道路完成了整治擅自“居改非”284家，取缔无证无照经营215户，拆除违法搭建150处4 400余平方米。今年计划整治道路18条，涉及“居改非”272家，无证无照经营335户，违法搭建150处。

同时，聚焦成片街坊修缮，徐汇有计划地推进优秀历史建筑修缮。2017年将实现3.5万平方米的修缮。比如九旬法式老宅克莱门公寓，院落内经过个性化拆违和修缮后，还原了当年的风采，与周边区域更为协调，老百姓生活也由此“神清气爽”。

创建文明城区，既要见事见物，更要见思想见精神。创建工作要体现思想内涵和价值导向，更要有人文精神和情感关怀。风貌区内的名人故居也陆续向居民敞开大门。看看巴金故居内的大书橱、摸摸张乐平伏案创作的书桌、瞅瞅柯灵当年的“朋友圈”……潜移默化中，居民们的家园认同和文化自信就这样一点一滴无声地滋长着。

文化生活能够彰显一个城市特有的气度风韵，创建全国文明城区，要把丰富文化生活作为重要内容。城市精神是城市文化的集中体现，要深入挖掘城市文化底蕴和人文特色，提升城市文化内涵和文化韵味，培育具有标志性的城市精神。

创建全国文明城区的徐汇，致力于做厚文化，孕育更多“灵魂有香气的人”。全区成立了由区委书记、区长两位主要领导同时挂帅的文化发展领导小组，研究如何立足上海国际文化大都市建设，充分发挥区域人文底蕴深厚、文化资源丰富的优势，培育具有国际影响力的文化地标、文化品牌，提升徐汇文化软实力。

针对全区公共文化服务供需错位、社会力量参与不足、服务专业化水平有待提高、基层公共文化建设有待加强等公共文化服务体系建设的共性问题，徐汇切实贯彻落实《中华人民共和国公共文化服务保障法》，率先破难题，补短板，在实践的基础上加强课题研究和理论总结，努力为公共文化政策制定和公共文化资源配置提供智力支持和理论指导。

“灵魂香气”从何而来？创建全国文明城区过程中，徐汇以“书香徐汇”为目标，将全民阅读当作重要战略任务，随时随地可阅读的图书馆、一个富有特色的全民阅读体系初显成型。就在2017年世界阅读日，一个“有魔法”的图书馆于徐汇亮相。它有着全市各类图书馆中最大体量的智能书架，提供自助式借阅归还服务；它主动刷新着自己的书库与上架书籍，读者可直接在书店把新书抱回家，图书馆负责“埋单”；它还把服务建到了“云”上，读者可以通过网络实现图书预约，同时又在线下将周边区域的楼宇、医院、咖啡馆、实体书店都全成了阅读部落与服务站点。

第二章
世界文明视域中的华夏文明

新时代中国的文明城市创建正在成为全国人民的价值共识，成为共建共享城市文明的利益共同体。可以说，当代中国以文明城市创建的价值共识、利益共同体的方式，追求华夏城市文明、彰显当代华夏的魅力，既是促进中国城市文明发展的客观需要，又是千年华夏城市文明演进的历史逻辑之必然。

当代中国文明城市，作为华夏城市文明的延续与变革，对其演进的历史逻辑与价值必须置于华夏文明之中探究。华夏文明作为世界文明多样性中的一种文明，随着新时代中国的和平崛起，再次深刻影响全球，再次被世界认同。为了深刻揭示华夏文明（包括华夏城市文明）对世界文明的影响，确立华夏文明的世界地位和价值，有必要先将其置于世界文明的视域之中，从西方文明基本结构及其演变中，从华夏文明对东亚文明的影响，把握华夏文明与西方文明的差异，凸显新时代华夏文明的价值。

一　西方文明的基本结构及其演变

生活于世界上不同地区、不同国家的人民，基于不同的地缘特征创造了各具特色的文化，形成了相似或迥异的文明。

（一）从古代东方文明到欧洲古典文明

古代东方的四大文明发端于河流边的民族，但发展和繁荣主要是依托于城邦、城邦国家。这里简要梳理从古代东方文明到欧洲古典文明的主要模式，揭示古代西方文明发展的路径。

1. 古代东方四大文明

学界公认：世界上四大文明古国，除中国外，还有古代两河流域的巴比伦、尼罗河流域的埃及、恒河流域的印度。可以说，河流哺育了世界上四大文明古国，没有幼发拉底河和底格里斯河，就不会有古巴比伦；没有尼罗河，就不会有古埃及；没有恒河，就不会有古印度；没有黄河，就不会有古老的中国，不会有华夏文明。因此，人们又称之为大河流域文明。

两河流域的古巴比伦文明。因有幼发拉底河和底格里斯河的两边河流灌其间而得名，也称美索不达米亚，相当于现在的伊拉克。苏美尔人、巴比伦人、亚述人先后在这里居住，建立国家。从公元前4300年代开始，陆续创造出最早的文明。公元前3200年代，就出现了刻在泥板上的楔形文字。最有代表性的是汉谟拉比国王（公元前1792—公元前1750）颁布的《汉谟拉比法典》。神庙、城墙、沟渠和其他公共设施，以及尼布甲尼撒国王为取悦他的宠妃而修建的空中花园遗址，是巴比伦文明高度的明证。

地跨亚非两洲的古埃及文明。聚集居住尼罗河流域的居民，依靠河水丰沛的平原和沼泽地发展农业生产，大约在公元前3500年代，进入文明时代。长达三千年的古埃及，是古代世界文化最为发达的国家。国家权力机构齐备，确立了以官僚体制为基础的、君主独裁的专制统治。文化方面，使用的文字经历了象形文字、祭祀体文字、世俗体文字和科普特文字四个阶段，采用了24个希腊字母和7个补充字母，由繁到简，有难到易，是古埃及文字的宝贵遗产。古埃及制定了最早的太阳历，制作出了不朽的木乃伊。至今留存的古埃及文明的杰出代表——金字塔，还有狮身人面像，是君主们生前就为自己建造的地下世界的永恒之宫。

印度河和恒河的古印度文明。印度既是不同地区，同样也是不合常规地拼凑在一起的传统的混合体，它从未能把这些相异的东西成功地完全融为一体。它的面积过于广袤（包括巴基斯坦在内为400万平方公里），人口过于密集（2015年其人口就达到11.6亿），又太过分散，从未有过安宁的过去。南方的德干高原是一块居民和文明都很保守的地区，顽固地反对变化。西北部则是印度河流域干旱之地，与伊朗相连，同时，越过开伯尔山口（Khaiber）与突厥斯坦和整个动荡不安的中亚连接在一起。1947年激烈而血迹斑斑的印度和巴基斯坦分治之后（除英国殖民统治时期之外），从来没有任何一个政治力量把整个南亚次大陆置入自己的统治之下。

古印度文明不必向前追溯到印度河神秘的文化（公元前3000年到前1400年），就可以分辨出三个古印度，它们逐渐形成，慢慢地相互承继，并且交叉重叠在一起。一个是印度-雅利安文明，或者说吠陀文明，始于公元前1400年，结束于公元7世纪；一个是印度中世纪文明（印度教），13世纪取代了其前身；最后一个是伊斯兰-印度文明。但是，这三个文明都没有把整个南亚次大陆统一起来：它们中没有一个能够成功地维系一个大的世界性帝国。

2. 欧洲古典文明

在某种意义上说，古代世界的文明，因其地域的限制，不可能像当代文明那样可以迅速传播、扩张，并持续发展。常常是一个地域的文明在完成了其自然发生、成长和发展之后逐渐衰落。所以，当古代东方的四大文明进入平稳发展，或个别的进入衰落乃至一度断裂之后，唯独华夏文明五千年未断裂。

欧洲古典文明不同于起源于河流边的东方四大文明，它主要起源于爱琴海边的数百个城邦,直至城邦国家。

古希腊文明。公元前8—公元前1世纪,爱琴海边的数百个岛,先后建立了城邦国家。其中的克里特岛和迈锡尼城,它们前后相继,形成了农业、手工业和海上贸易,宫廷建筑及绘画艺术均很发达,并出现了由印章符号演变而来的象形文字。大海边的城邦国家发展城邦共和政体,使一部分人专门从事科学与文化艺术的研究。随着"爱琴文明"的式微,出现了古希腊文明。古希腊文明达到了当时世界的顶峰。主要代表是斯巴达和雅典。每个城邦都有三种政治机构:公民大会、议事会和选举产生的公职人员。希腊城邦史上有过君主制和具有个人独裁色彩的僭主政治,但以共和政体居多。自然科学方面,出现了德谟克利特的原子论。哲学方面,苏格拉底的学生柏拉图著有《理想国》。亚里士多德承认物质世界的真实性,"吾爱吾师,但更爱真理"是他最著名的格言。史学方面有希罗多德的《历史》、修昔底德的《伯罗奔尼撒战争史》、色诺芬的《希腊史》。《荷马史诗》在文学史上备受重视。艺术方面,出现了埃斯库洛斯等悲剧诗人。雅典古城,因其保护神雅典娜而闻名,被称为西方古典建筑最重要的纪念碑。以雅典和斯巴达为代表的希腊城邦,从公元前4世纪起逐渐衰落,公元前338年被马其顿占领,公元前146年被罗马帝国征服。

古罗马文明。继承并发展了古希腊文明,在公元前6世纪初形成于意大利半岛的古罗马,即半岛的王权城市,区别于古希腊近百个城邦的分散的文明。王权城市的文明更具传播和影响力。4世纪中叶,发动大规模的征服战争,统一了意大利半岛,后又向西打败了迦太基人,向西班牙渗透,确立了在西部地中海的霸权。以后,又向东发展征服马其顿,控制全希腊,确立了在东地中海的统治。公元前27年,屋大维建立了其跨欧亚非三洲的罗马帝国,把欧洲古典文明推向高度繁荣,成为人类文明史上不可逾越的重要里程碑。古罗马文明不仅为人类提供了第一部世界性法律——《罗马法》,而且将古罗马的建筑风格、雕刻和绘画艺术等推向世界,至今仍有较大影响。罗马古城内遍布神庙、会堂、元老院议事堂和凯旋门、纪念柱、剧场等,人们可能只看到其富丽堂皇居的表象,但实际上古罗马时期人类文明理念、科学技术在城市规划、城市建筑结构、建筑艺术,特别是在这些辉煌建筑之上都有所反映。

(二)中世纪欧洲的基督教化与文艺复兴

进入中世纪的欧洲,在经历了基督教一统天下的千年黑暗后,才艰难地迎来文艺复兴的文明曙光,促进了西方文明的新发展。

公元1世纪前后,巴勒斯坦地区的犹太社会,在罗马帝国强权统治下出现了空前严重的民族危机与文化危机。耶稣创立的基督教正是在这样的社会文化背景下产生的,耶稣后来被罗马巡抚判死刑钉在十字架上后,众门徒四处传教,基督教走出犹太社会,开始在罗马帝国迅速传播,逐渐成为地中海沿岸各国跨民族的世界性宗教。

公元476年日耳曼人消灭了西罗马帝国。西罗马帝国被日耳曼人消灭后,欧洲大陆相继出现了一批国家,以等级分封制为特征的封建社会开始形成,欧洲进入中世纪时期。封建领主独立势力较强,世俗王权微弱,国家实际处于封建割据状态。自给自足的自然经济使整个封建社会封闭落后,发展十分缓慢。

1. 欧洲的基督教化

在日耳曼人征服罗马的过程中,基督教得到了保全,罗马教皇凌驾于各国世俗王权之上,教会的社会地位日益提高。基督教文明在社会中占据了突出的地位,一切文化领域皆蒙上宗教的灵光。基督教成为中世纪封建社会占统治地位的意识形态,控制了各阶层的思想和生活,欧洲文明转入黑暗。以奥古斯丁为代表的教父哲学把哲学与神学结合起来,以神为核心,信仰为前提,系统地论证了基督教的基本教义。哲学和科学成了基督教神学的婢女或工具。美术受基督教禁欲主义与来世思想的影响，排斥古希腊罗马美术传统。适应宗教需要建筑方面大型纪念性建筑拔地而起，无论是拜占庭式教堂高耸的圆穹，还是哥特式教堂火焰般的尖角，充分显示出中世纪宗教的权威。

2. 阿拉伯文明的扩张

公元610年，穆罕默德在麦加创立伊斯兰教。到他逝世时（632年），一个以伊斯兰教为共同信仰的、政教合一的、统一的阿拉伯国家出现于阿拉伯半岛。后来阿拉伯贵族发动大规模的对外战争，最终阿拉伯帝国的版图西临大西洋，东至中亚河外地区，成为地跨亚、非、欧三大洲的庞大封建军事帝国。阿拉伯语成为帝国的正式语言，政府的一切文件必须用阿拉伯文书写。巴格达成为著名的世界商业和贸易中心之一。

经济的发展促进了科学文化的进步与繁荣。伊斯兰教逐渐成为埃及、叙利亚、伊拉克、波斯和北非等地大部分居民共同信仰的宗教。阿拉伯文化继承了古希腊、罗马和印度文化，同时它又通过自身的发展和创新，为近代文明的兴起提供了有益的经验。穆斯林以传播伊斯兰教为名进行"圣战"，在"圣战"中向世界传播植物种子、药材、图书资料、饮食、服饰等。例如，现代的阿拉伯数字，就是经阿拉伯人从东方传入欧洲的。9世纪中叶后，各地封建主拥兵割据，独霸一方。1258年成吉思汗之孙旭烈兀率领蒙古军队攻陷巴格达，杀死哈里发，阿拉伯帝国遂亡。

3. 文艺复兴的价值

欧洲文明经过近千年的黑暗沉默之后，到14世纪终于出现了文艺复兴。文艺复兴用资产阶级的人道反对封建阶级的神道，用资产阶级的人文主义反对封建阶级统治的黑暗残暴，歌颂有远大抱负和坚毅刚强的英雄豪杰。薄伽丘的《十日谈》以诙谐生动的语言讽刺教会贵族，赞扬市民群众，是欧洲文学史上第一部现实主义巨著。达·芬奇的肖像画《蒙娜丽莎》表现了艺术家对女性美和人的丰富精神生活的赞赏；壁画《最后的晚餐》深刻描绘了人物的性格。米开朗琪罗创作的许多雕塑，例如《大卫》《摩西》《垂死的奴隶》等，在技艺上较希腊古典名作有过之无不及。拉斐尔留下的《花园中的圣母》《西斯廷圣母》以及《雅典学派》《教义的争论》等，都达到构图和谐与形象完美的极致。此外，波兰天文学家哥白尼提出天体运行论，彻底扫除了造物主的地盘。英国空想社会主义者莫尔的名著《乌托邦》，对私有制进行了无情的批判，对后世影响很大。哲学家培根提倡知识就是力量，代表作《新工具论》《科学的伟大复兴》等，强调以科学方法研究自然和征服自然。戏剧家莎士比亚作为文艺复兴文学的巨人，其代表作《哈姆雷特》《罗密欧与朱丽叶》《奥赛罗》《威尼斯商人》等，都是世界剧坛中普遍推崇的名剧。西班牙的文学巨匠塞万提斯的小说《堂·吉诃德》是世界文化宝库中的瑰宝。

（三）近代西方文明的发展

16世纪以后的欧洲，在文艺复兴的基础上，随着地理大发现、宗教改革、工业革命的开展，资本主义蓬勃发展，西方国家的封建统治解体，逐步进入近代资本主义文明时期。尤其是18世纪欧洲的启蒙运动，为西方新工业文明的兴起奠定了思想舆论的基础。

1.欧洲的启蒙运动

18世纪的欧洲启蒙运动达到了高潮。伏尔泰批判封建专制制度和等级特权，主张信仰、言论和出版自由；孟德斯鸠主张立法、司法、行政三权分立，相互制约，权力平衡；狄德罗编纂《百科全书》，团结一大批进步学者形成一股反封建、反神学的巨大力量；卢梭的《社会契约论》认为一切权力属于人民，理想的政治形式是民主共和国。文学艺术也进入了多姿多彩的时代。弥尔顿的《失乐园》歌颂革命者的反抗精神；莫里哀的《伪君子》辛辣地讽刺了封建贵族和教会势力的阴险、奸诈和狠毒；笛福的《鲁宾逊漂流记》歌颂勇于追求、百折不挠的品格；歌德的《少年维特之烦恼》反映当时青年的苦闷心情，影响很大;《浮士德》歌剧中含有浓厚的人生、社会哲理；席勒的《阴谋与爱情》通过平民少女和贵族青年的爱情悲剧，表达了作者反对封建等级制、主张平等的思想；音乐家莫扎特在维也纳创作的《费加罗的婚礼》《唐璜》《魔笛》充分体现了交响乐的特点。欧洲启蒙运动的基本精神是：反对宗教偏见，提倡唯物主义的自然主义；轻蔑传统观念，主张理性思想；发展自由精神，这些为西方新工业革命的兴起和发展提供了条件。

2. 西方的工业文明

19世纪，西方各国普遍加速工业化，工业发明日新月异：纺织业出现了多轴机，金属加工业出现了自动螺旋车床、蒸汽机、电动机、电灯、排字机、印刷机以及蒸汽轮船、铁路火车、电报、电话的发明使用，无不堪称工业革命的伟大成就。自然科学更是硕果累累，天文学发现了海王星，改变了人们对宇宙的认识；物理学发现了能量守恒定律；化学发现原子结构理论和化学元素周期律；最重要的是达尔文提出了自然选择学说：适者生存、优胜劣汰。

与此相适应，文学艺术方面也流派纷呈，经历了从浪漫主义到现实主义的转变。浪漫主义文学的巨匠作品：英国雪莱的《解放了的普罗米修斯》、拜伦的《东方叙事诗》都很有名；德国海涅的《西里西亚织工》直接反映了工人们的斗争与觉醒；法国雨果的《巴黎圣母院》《悲惨世界》等故事情节奇特，人物性格鲜明，具有浓厚的抒情味；美国斯托夫人的《黑奴吁天录》，对当时的废奴运动产生了巨大的影响。

现实主义文学的巨匠作品：法国有司汤达的《红与黑》、巴尔扎克的《人间喜剧》、福楼拜的《包法利夫人》、莫泊桑的《羊脂球》等；

英国有萨克雷的《名利场》、狄更斯的《老古玩店》等，俄国有普希金的《茨冈》、屠格涅夫的《前夜》、陀思妥耶夫斯基的《罪与罚》、托尔斯泰的《战争与和平》、果戈里的《钦差大臣》、契诃夫的《变色龙》；美国有马克·吐温的《竞选州长》《百万英镑》等，都具有很强的艺术感染力。贝多芬、韦伯、肖邦则是这一时期最著名浪漫派音乐大师。意大利歌剧《茶花女》，法国歌剧《卡门》，更是世界宝库中的珍贵财富。

哲学家们则用抽象的思维活动对现实世界进行思考和回答，创立了完整的古典哲学体系，使欧洲哲学从机械论发展到辩证法阶段。康德调和唯物论与唯心论，承认客观物体的存在，把客观世界分为现象世界和神的世界两个部分，人能获取关于物质世界的知识，但不能认识超乎能力达不到的彼岸世界。黑格尔创立了最庞大的客观唯心主义哲学体系，完整地表述了事物发展的辩证法。费尔巴哈肯定自然是物质的客观存在，唯物地阐述了思维和存在的关系，认为自然是可以被认识的。赫胥黎宣传达尔文物竞天择的思想，但不认为这一原则适用于人类社会，人类的伦理过程可以抑制生存竞争的宇宙过程，写出了《进化论与伦理学》。英国边沁的《道德及立法的原理》创立了功利主义：衡量一种信仰或制度的最高准则，是看其是否符合功利或有用的标准。法国的孔德创立了实证主义：只有经验事实或经验现象本身，才是“确实的”“实证的”。但在英国的斯宾塞那里却发展成不可知论和相对论：理性只能认识相对的东西，事物的本质是不可认识的。德国叔本华创立唯意志论，认为世界的本原是生命意志，无止境的欲求是世界变化的根本动力。尼采的“超人”学说认为，权力意志是万物的基原，超人是权力意志的最高集中，应该战胜、征服、摧毁一切，人民群众是超人实现其权力意志的工具，等等。经济学领域，出现了古典派政治经济学，在英国从配第开始，经亚当·斯密，到李嘉图。在法国，从布阿吉尔贝尔开始，经魁奈，到西斯蒙第。他们批判重农学派把农业看作唯一的生产部门，力图通过商品交换的表面现象，发现经济生活的本质和内在联系，把研究从流通领域转移到生产领域，主张采取放任自由政策，具有一定的科学成分。马尔萨斯创立了他的人口理论，认为人口以几何比率增加，生活资料以算术比率增长，人口增长有经常超过生活资料增长的趋势，抑制人口增长有积极抑制（饥饿、战争、贫困）和预防抑制，他用抽象的人口规律，企图把苦难和罪恶归结为人口增加，以掩盖资本主义社会失业和贫困的真正根源。

3. 从空想社会主义到科学社会主义

资本主义文明在取得重大成就的同时，也暴露了许多弊病。人们不断寻求救世的良方，出现了众多的空想社会主义思想家。

主要代表人物有：16世纪英国的莫尔、意大利的康帕内拉，17世纪英国的温斯坦莱，18世纪法国的摩莱里、马布利，19世纪法国的圣西门、傅立叶以及英国的欧文等。

19世纪40年代，资本主义内部矛盾日益尖锐，马克思和恩格斯全面系统地研究了资本主义生产方式的矛盾，批判地继承了空想社会主义者圣西门、傅立叶、欧文的思想成果，在1848年发表《共产党宣言》，标志着科学社会主义的诞生。《共产党宣言》指出：资本主义必然灭亡、社会主义必然胜利，提出了逐步实现由社会主义社会向共产主义社会过渡的伟大目标。

二　东亚文明的特点及其演变

文明的地缘性本质特征，要求我们在将华夏文明置于古代东方及西方文明演进中进行分析之后，进一步通过分析东亚文明的特点及其演变看华夏文明的价值。

东亚作为一个兼顾地理、历史和文化的概念，包括东南亚和东北亚两个部分在内。因为它位于太平洋西岸，所以又被称为太平洋亚洲(Pacific Asia)。它的面积约1 620万平方公里,占亚洲总面积的37%、全球陆地面积的12%;它的人口到20世纪末已达17亿以上,接近世界人口总数的1/3。然而,放在世界的大版图上,无论从历史文化的角度,还是就其在现代经济政治发展和世界格局中的地位来看,东亚相对于其他区域的特性,其整体性、同一性还是十分鲜明的。

(一)传统东亚文明及其特点

古代东亚对人类文明有独特的贡献。早在人类文明发展的晨曦时代,东亚已经独立发育出了区别于南亚、西亚文化的本土文化。东亚流行的汉字以及后来的汉字变形体在世界文字中独树一帜。公元前800年至公元前200年,中国与印度、以色列、希腊等地区分别而又几乎同时发生精神的觉醒或曰文化的突破,初步形成了各具特色的、富有生命力的文明形态。从那时以后,起源于黄河流域的这一支文化向东、向南、向北发展并与当地土生的文化融合,逐渐成为东亚文化的主流,形成以汉字和儒学为特征的东亚古典文明——或称华夏文明。

东亚文明的特点之一:世俗性。她有各家各派的完备的“心性之学”而无系统的神学。对“天”人的区分与“天人合一”互为表里,强调“天意”不离人心。穷究于天人之际的文化负载者、文化符号解释者不是宗教僧侣,而是世俗文化人——士。所关注的主要是现实生活中的人际关系原则,诸如“仁、义、礼、智、忠、信、孝、悌”,等等,而缺少对来世的关怀。

东亚文明的特点之二:内陆型的农业经济与社会。东亚与中东、中美洲同为农业发源地,但在后来的发展演变中,唯有东亚形成了高度发达、历史悠久且持续无间断的农业文明。相比于古代地中海周围频繁的海洋活动、欧洲各游牧民族逐水草而居的特点和西亚伊斯兰文明重视商业活动的特色,东亚尽管也有海上活动,但只限于边缘地区，在农业与家庭手工业紧密结合的环境下，商品交换只是少量的。长期的精耕细作和定居生存方式造成的心理定势是“重本（农业）轻末（工商业）”和对“耕读传家”的崇尚。社会政治组织的构造是由家而国，最后形成父系家长制的家国“天下”。对付游牧地区“蛮狄羌夷”入侵的基本方式则是筑城、墙（长城）以自保，“严华夷之大防”。

东亚文明的特点之三：它涵盖范围广大。经过中国历史上的汉、唐盛世，汉字和儒家文化的泽被范围超出中国而到达北边的朝鲜半岛和日本，南边中印半岛的安南、占城等地。中国的哲学思想、皇权官僚制度、艺术、文体、建筑乃至服饰样式都成为学习效仿的对象。“中华”成为华夏文明影响范围内共有的观念，而非为中国独有。历史上的朝鲜、日本、越南都曾“各自认为自身是保持中华正统的国家”。[1]20世纪八九十年代建立在东亚奇迹基础上、一度被炒得沸沸扬扬的“亚洲价值观”，其基本内容无论是在华人为主体的新加坡还是马来人居多的马来西亚，都打上了鲜明的儒家文化的印记。儒家思想甚至一度曾被认为是“亚洲价值观”的核心。以儒学为代表、兼容和吸收其他文化而形成的“东亚文化”，成为东亚区域文明和东亚地区整体性的重要象征，也是连接东亚广大地区和人民共同心理的强有力的纽带。

东亚文明的特点之四：持续民族混合和人口移动。中国人口的主要成分是古代中原的“华夏族”与境内各民族，以及南下的各游牧民族，他们长期融合，共同生活。历史上大批华人移居南洋，对东南亚的开发和这一地区的社会经济发展作出了巨大贡献；同时也带去了汉字文化，传播了华夏文明。在东北亚，朝鲜半岛与中国东北之间的人口移动从未间断。与东亚大陆“一衣带水”的日本也是如此：

---

[1] ［日］滨下武志.近代中国的国际契机[M].朱荫贵，译.北京：中国社会科学出版社，1999：40.

到9世纪初,从朝鲜到日本的移民已经相当稳定。公元815年日本编撰的宗谱录收入1 182名贵族,其中,三分之一的家族声称是朝鲜人血统或汉代殖民朝鲜的中国人的后代。[1]

（二）朝贡贸易体系对东亚文明的价值

历史上的“朝贡贸易体系”和由此体系而形成的“亚洲区域经贸圈”“前现代亚洲市场”,是将东亚连为一体的又一重要环节。它的前提是朝贡国(地区、部落)接受中国“天子”——皇帝对当地国王(首领)的承认并加以册封,各国、各地区、各部族则定期向皇帝朝贡。朝贡不限于各个“藩属”与中国之间,还有各藩属国间次一级的朝贡关系。此外,朝贡贸易体系还是一个开放的体系,不排斥体系内国家与体系外地区的往来,如雍正年间苏禄与暹罗国王给清朝皇帝的贡品中就都有来自西洋的物品。东亚朝贡体系在明朝建国以后曾经涵盖了广袤的东亚大陆和海上区域,包括中国、朝鲜、日本、琉球王国、越南(安南、占城)、柬埔寨(真腊)、泰国(暹罗)、马来半岛(满剌加)、印度尼西亚的爪哇、菲律宾的苏禄国,甚至斯里兰卡(锡兰)。

朝贡贸易体系对东亚地区的文化传播、对东亚区域经济的形成和东亚文明圈的延续起过巨大作用,其形成和长期延续均有深刻的历史原因。朝贡体制的核心是“华夷秩序”。费正清等人观察到:早在葡萄牙人、荷兰人和英国人之前,甚至在伊斯兰教徒和阿拉伯商人之前,中国人已有实力从事印度洋与东南亚的远洋贸易,与海外扩张,但是并没有去做。对于这一令西方人感到困惑不解的现象,他们称之为“早期东亚历史的神秘性之一”[2]。同时也应看到,建立在儒学“天下”观(天下帝国唯我独尊,“普天之下莫非王土,率土之滨莫非王臣”)之上的东亚世界体系是农耕时代自然经济的产物,是一种以

[1] [美]费正清.东亚文明:传统与变革[M].黎鸣,译.天津:天津人民出版社,1992:335.
[2] 费正清等,前引书,260—261页。

"中华"为中心，宗藩之间形同君臣、父子关系的不平等体系。"中华"的优势地位一旦丧失，这一体系也将随之解体。西方殖民主义入侵以前，东亚"边缘"与"核心"之间的冲突多是间断性或局部的，变故之大如满人从东北入主中原，其结果也还只是体系内关系的调整和对体系的修复，而非体系的破坏。

以华夏文明为标志的前现代东亚，无论思想文化、科学技术还是政治制度、贸易、经济的发展，都曾经在人类发展史上长期居于领先地位，从而给世界以巨大的影响。这一影响一直持续到近现代早期的西方思想界。18世纪英国和法国都曾经出现"中国热"。德国哲学之父莱布尼茨甚至将疗救"人与人相互为狼"一类人类恶性的希望寄托在中国文化身上。[1]华夏文化深深渗入欧洲文明。直到20世纪20年代，在经历了世界大战的空前灾难之后，有见识的欧洲学者又一次面向东方，谈论起东方——中国传统文化的优越性。然而，令人感叹的是：恰恰与此同时，东西方都开始发生史无前例的大变化，相互关系迅速逆转。从18世纪后期到20世纪上半叶，东亚绝大多数地区跌入落后挨打的深渊。传统的东亚共同体在蜕变为现代的新型工业共同体之前，经历了痛苦的血与火的洗礼。

三　华夏文明的内涵与演变

从东亚文明的特点及其演变可见华夏文明的地位及其价值。华夏文明不仅曾经主导东亚近现文明的演变方向，而且影响了西方的文明，促使形成了18世纪英国和法国的"中国热"。世界视域中的华夏文明，为何有如此魅力和价值，它既是五千年来华夏文明的积淀，又是由华夏文明的内涵与本质特征决定的。

华夏文明虽不如古埃及文明、巴比伦文明、古印度文明的起源

---

[1]　[德]夏瑞春．德国思想家论中国[M]．陈爱政，译．南京：江苏人民出版社，1997：3-5.

早，但华夏文明是世界文明中唯一的从未中断过的文明。

(一) 华夏文明的基本内涵

有史以来，中华民族生于斯，长于斯的东亚大陆，纵横万里，地域辽阔，而四周由许多自然屏障包围，将它与世界其他区域隔断：北有无边的戈壁沙漠，干燥而且寒冷，不适于定居与农耕；西部、西南部都是崇山峻岭，“世界屋脊”；东部、东南部濒临浩瀚的太平洋——这一地理环境的特点，促成了古代中国人独特的“天圆地方”、“四维八极”的“天下”观念。东亚又是地球上最大的季风气候地带：一年中春夏秋冬四季分明，冬季寒冷干燥，夏季普遍湿热然而降雨又严重不均。而流贯东亚大陆的最大的两条河流——黄河、长江因受季风和地理影响，冬季缺水，上游常干旱；夏季则洪水暴涨，危及中下游两岸。从而造成“旱魃为虐”(《诗经》)，或“水逆行，泛滥于中国，蛇龙居之，民无所定”(《孟子·滕文公下》)。旱涝在不同地方同时发生，全“天下”则两种灾荒连年不断。

一般而言，古代中国文明和世界其他文明一样，都是生物因素和地理文化环境两者间交互作用的结果。但是古代中国文明的祖先们，在严酷的挑战面前，发展出了独特的华夏文明形态。华夏文明的基本要素至今仍对世界文明的发展产生重要的影响。

1.“大一统”的思想理念

大江大河与无边无垠的大平原使组成庞大的社会共同体成为可能，而古代中国的大农业为它提供了经济基础，其文化发展得以捍御游牧文化之侵凌而绵延四五千年之久。正如钱穆先生所言，“独有中国文化，产生在特别大的地面上。这是双方(中国较之埃及、巴比伦、印度诸国——引者)最相异的一点。”[1]

[1] 钱穆.中国文化史导论(修订本)[M].北京：商务印书馆，2001：1.

统一不仅是农耕文化防御强悍的北方游牧部落侵凌的需要，而且因为自然地理与气候条件造成的经年不断的水、旱灾害，自然地对江淮河岸大农耕地区提出了从政治经济的统一，以应对大规模治水和有效赈灾的需求。黄河流域的先民们较早产生“平洪水定九州”、四海一家，结束诸侯割据“相伐”，相互间“以邻国为壑”状态的愿望，因此出现了“早封建、早集权”：周初大规模“封邦建国”“分土而治”，比之西欧中世纪封建制度早了一两千年。

与欧洲相比，中国周秦之间的宗法“封建”制自有其特色而历时更久，“封建”结束以后的统一国家，较之欧亚大陆其他文明区域统一的“民族–国家”（nation-state，其实绝大多数都是多民族国家）的出现又早了千余年，而且一旦形成便在两千年间长期稳定下来。

统一由“江山一统”及于社会、经济、文化，以至于“车同轨，书同文，行同伦，全国统一度量衡”。历史上，“大一统”是维护和扩散华夏文明必不可少的条件。16世纪至18世纪，西方资本主义兴起并东侵，以摧枯拉朽之势扫荡印度和东南亚，但却不能大规模侵入中国南大门。与此同时，中国虽被动地进入新兴的世界市场，但由于物产丰盈，所以能以丝、茶等农产品大量输出而掌握外贸主动权，这些都与“大一统”不无关系。

与“大一统”相伴而生的是延续两千年不变的皇权专制主义和集权官僚制度。“大一统”给以农耕为基础的华夏文明所造成的历史自然演进惯性、思想惰性和发达的皇权官僚政治制度的顽固性，使之在史无前例地遭遇西来的新兴工业文明（钱穆称之为“商业文明”）之际进退失据，行动困难。“大一统”的这些不同层面都对华夏文明的传承和发展影响巨大。

2. 包容与变通的精神

《易经》主“天下同归而殊途，一致而百虑”。孔子也讲过“君子和而不同”。“和”意指“相辅相成”，如八音克谐百鸟齐鸣。这些都已经意含包容。长期以来，儒学是中华文化的正统、华夏文明的象征或代表。但是中华文化不限于儒家思想，还有法、道、墨、兵、农诸家以及先后从外部传来的各宗各派的佛教、伊斯兰教、基督教思想文化。儒家思想传到后来也不再是孔学“原儒”，而是吸收了许多别的思想，于是有“道并行而不悖”“外儒内法”等种种说词。华夏文明强调“夷不乱华，裔不谋夏”和“以华变夷”，但是“华夏”本身所具有的自信和大气魄——华者光彩，夏者大也；华夏合一，即“辉煌而宏伟”，而且居于“天下”中心，能够如大海之收纳百川，吸收、融合甚至同化各种外来文化而不失自我。此外，中华文化也讲“变易”“变通”，所谓“穷则变，变则通”“功业见乎变”“变而通之以尽利”。包容和变通使两次鸦片战争后的中国能够走上“防卫性现代化”即办洋务学西方的“自强”之路。

当然，这种包容和变通都是有限度的。两千年间由于“心学”被定于一尊，对于从本体上摆脱唯“心”论的倾向便难以包容，传统中国不能像同时期西欧那样致力于对物质世界的穷究、发展出自己的现代科学技术，不能说与此无关。百余年来中国现代化在器物即“用”的层面“师夷长技”相对顺利，在制度和文化等“体”的层面学习、变革，则一波三折、步履蹒跚，也反映了包容和变通的有限性。

3. 因循守旧的思维方式

这是华夏文明的另一要素。千年不变的农业与家庭手工业结合的生产方式，周而复始的王朝循环以及治、乱更替，使人们难以产生“进步”“进化”一类观念，而造成思想文化上的保守，好常恶变，崇尚古之盛世，笃信祖宗家法。保守有维护一致和稳定以及在吸收外来文化时“固本”的功能，因而与包容并不完全矛盾，与“大一统”则密切相关且相互强化。同时，一味地向后看，“祖述尧舜、宪章文武”，“述而不作、信而好古”，墨守成规、成法，以至主张“天不变，道亦不变”，等等，必然形成禁锢，成为阻碍“变通”、反对革故鼎新的思维定势和思想武器。

应当说，因循保守是农耕文明的共同特点。传统中国农耕文明培育了根深蒂固的唯“心”主义、文化本位主义等保守观念。这种文化保守主义影响既深且远。近代中国的现代化改革特别是较早阶段的改革，领导者或者主观上就是在传统文化思想能够允许的范围内做文章，或者不得不托古改制。文化保守主义对未来中国和整个东亚文明的发展也产生了影响。

华夏文化传统中的其他要素还有很多，如“内圣外王”、“刚柔相济”、家族本位、道德本位，等等，此处不能一一列举。此外，华夏文化传统所包含的成就取向，对教育的重视、科举考官制度以及由科举制度、土地买卖、经商致富所带来的社会上下等级间流动，常常和世俗化倾向、中央集权下的官僚（科层）制度等等一起，被视为前现代中国传统文明中的“实践理性”或者“现代性”因素。[1]

（二）华夏文明的演进

华夏文明的基本内涵及其三要素，是在华夏文明的演进过程中形成并固化下来的。华夏文明的演进是一个不断互相补充、互相吸收、互相融合的过程，从而形成了以华夏文明为核心且又包容周边不同地域文明、不同民族文明的“华夏文明”。

越来越多的考古资料也证明，华夏文明的发祥地，不只是黄河流域，还包括长江流域。正是黄河和长江这两条横贯中华大地的河流，哺育了古老的华夏文明。[2]越来越多的考古资料又证明，除了黄河流域和长江流域这两个主要的发源地之外，还有许多文明的遗存散布

[1]　[美] G. 罗兹曼. 中国的现代化：第一部分 [M]. “比较现代化” 课题组，译. 南京：江苏人民出版社，1988：第一部分。

[2]　河北省文物管理处. 河北省平山县战国时期中山国墓葬发掘简报 [J]. 文物，1979，1.

在各地。也正是在上述意义上说，当今以“华夏”指称“中国”的华夏文明的组成，既包括定居于黄河、长江流域的较早以农耕为主要生活来源的华夏文明，也包括若干以游牧为主要生活来源的少数民族文明。

华夏文明是多元的，但华夏文明的演进过程，不是多元文明互相灭绝，而是互相整合。华夏文明的演进过程，在很大程度上可以视为不同地域的文明以及不同民族的文明，在交往过程中整合为一体的过程。整合的模式是以中原华夏文明为核心，核心向周围扩散，周围向核心趋同，核心与周围互相补充、互相吸收、互相融合。多元一体的格局最晚在西周就建立起来了。此后虽然经历战乱与分裂，不断有新的文明元素加入进来，但没有任何一种文明的分支分裂出去，所以这个大格局始终保持着它的完整性而没有被打破。

1. 华夏文明演进的特点

第一，华夏民族融合。华夏文明演进中的一个重要特色是：民族融合。在长期的交往中，以汉族为主体，形成五十六个民族多元一体的格局。距今大约五千年至七千年，在黄河流域就出现了仰韶文化、龙山文化，在长江下游出现了河姆渡文化、马家浜文化等多处文化遗存。同时，在北方草原地带也出现了以游牧和狩猎为特点的文化。

进入传说时代，黄帝居住在中原一带，炎帝本是羌姓部落的首领。居住在北方的人统称为狄，居住在东方的人统称为夷，居住在南方的人统称为蛮，居住在西方的人统称为戎。传说尧时推举舜为继承人的便是四方部落的首领，而在禹之后的皋陶、伯益都是夷族。可见，在远古时代就开始了民族融合的过程。

到了夏商周三代，黄河流域的居民不断吸收周围的东夷、南蛮、西戎、北狄等族的成分，逐渐形成华夏民族。远在黑龙江流域的肃慎也成为周朝的属国。相传周文王的伯父太伯、仲雍与当地的民族结合，形成兼有商、周和当地特点的吴文化，吴和越开发了东南地区。秦人和西戎诸族共同开发了西北地区。楚地的华夏族和许多少数民族相融合，共同开发了长江中游地区。最后秦灭六国，统一了中国，这个统一的过程也可以视为多民族融合的过程。

到了汉朝，华夏族进一步吸收其他民族的成分，扩大成为人口近六千万（公元2年）的民族，后来遂称为汉族。魏晋南北朝是民族大融合的时期，一方面，西部和北部的一些少数民族如匈奴、鲜卑、羯、氐、羌与汉族在纷争中交往融合，逐渐同化；另一方面，大量汉族人南下，在长江流域和珠江流域与南方各民族融合。唐代各民族之间的联系更加密切，如北方和西北的东西突厥、东北的契丹、西南的彝族和白族都与汉族有进一步的融合。文成公主与西藏吐蕃松赞干布的和亲，加强了西藏与中原地区的联系。在宋辽金时期，契丹、女真、党项等族人民和汉族人民一起，进一步开发了西部的广大地区。而由蒙古族建立的元朝，结束了分裂的局面，建立起规模空前的统一国家，汉族和蒙古族的交融也得到了空前的发展。清朝以后，大量满族人迁居山海关内，汉族人迁居关外，形成满汉杂居的状况，促进了两族的融合过程。同时，清朝与西藏的关系更加巩固，在新疆设立了行省，使中国这个多民族统一国家得到进一步的发展。[1]

如上所述，中华民族从一开始就是多元的，在漫长的发展过程中，汉族不断与周围的民族相融合，形成由五十六个民族组成的大家庭。在这过程中，只有加入进来的，没有分裂出去的。因此，华夏文明的发展史从一个侧面来看就是民族融合的历史，中华民族的灿烂文明是五十六个民族的共同创造。

第二，对外来文化的吸收。华夏文明和域外异质文明的接触，无

[1] 以上关于民族融合的论述参考王钟翰主编:《中华民族史》(中国社会科学出版社，1994年);《中华民族凝聚力的形成与发展》编写组所编:《中华民族凝聚力的形成与发展》(民族出版社，2000年)《中国大百科全书·民族卷》；翁独健撰《中国民族史》(中国大百科全书出版社，1986年)。

论是与印度佛教文明的接触，还是对西方近代文明的引进，都促进了华夏文明的发展。印度佛教对华夏文明的影响表现在思想观念和生活习俗等方面，如佛教与中华传统文化相融合便出现了禅宗，禅宗成为中华文化的一个重要组成部分。仅就佛教对中国文学的影响这个局部而言，至少表现为五点：一是从此有了三世的观念和三界的观念，从而丰富了中国文学的想象世界，扩大了思维的时间和空间；二是加强了中国文学的故事性；三是促进了反切的产生和四声的发现；四是扩大了汉语的词汇；五是使文学观念更加多样化，例如真与空的观念、心性的观念、境界的观念、象和象外的观念，等等，都与佛教有关。[1]明代中叶西方文明开始传入中国，但那还只是对中国传统文明的局部补充。鸦片战争之后，在救亡的呼声中，中国的知识分子纷纷介绍和学习西方先进的文明，魏源编纂《海国图志》，提出“师夷长技”的方针，便是一个带有标志性的变化。此后，向西方学习经历了从科学技术层面到政治、人文层面的深化过程。废科举、兴学校，留学、办报，种种新的事物迅速出现，形成一种新的时代潮流，促使华夏文明继续前进。

2. 华夏文明演进的规律

华夏文明演进的过程中有一些值得注意的规律。一是物质文明的发展，特别是生产力的发展起着基础性的、决定性的作用。例如铁器的使用，推动了农业的发展，进而带来整个文明的进步。印刷术的发明和普及，便利了文明的传播，推动了文明的进步；二是一些具有进步性的制度的建立也起着不可忽视的作用，例如郡县制的建立、科举制的建立、比较完善的文官制度的建立，都推动了社会的发展和文明的进步；三是精神文明的发展对整个文明也起到推动作用，例如对德治的重视、百家争鸣的局面、唐诗的繁荣，都具有带动整个社会

[1] 袁行霈．中国文学史：第二卷[M]．北京：高等教育出版社，1999：18-19.

文明进步的意义。

此外还有一些值得注意的方面，例如雅与俗的互动。所谓雅，是指社会上层的或见诸经典的部分；所谓俗，是指社会下层的或见诸非经典记载的部分。雅与俗是相对而言的。就一个侧面而言，华夏文明就是由雅化俗，由俗化雅，在雅与俗的互相转化中得以发展的。道教在汉末起源于民间，到了东晋、南朝得到不少世族的信奉，其地位逐渐提升。到了唐朝，皇帝大力提倡，使之具有与儒家和佛教等同的地位。这就是一个由俗化雅的过程。当然上层的道教和民间的道教仍然有所不同，这又当别论。孔子招收弟子讲学，本是一种私学，是百家争鸣中的一家。汉武帝罢黜百家，独尊儒术，儒家遂得到官方的权威地位。与此同时，儒家思想不断向民间普及，三纲五常、忠孝节义等等思想在人民生活中起着重要的作用，并贯穿在民间习俗、乡约、家规以及大量的戏曲、小说作品之中，这又是一个由雅到俗的过程。每一次的雅化或俗化都可以视为文明的一次演进，雅与俗的互动促进了华夏文明的发展。

四　华夏与西方的文明差异

统一而又多元的华夏文明，既是华夏民族创造的华夏文明，又是华夏民族借鉴并吸收了近现代西方的文明，但是，华夏文明与西方文明还是有很大差异的两种不同的文明。比较并概括两种不同文明的差异，能更好地把握世界文明视域中的华夏文明。

华夏与西方文明基本差异究竟在哪里呢？ 20世纪八九十年代学术界有过热烈地讨论，这里分析各家的说法之后，概括以下五个方面：

（一）人与自然的关系方面：天人合一与征服自然的差异

在人与自然的关系上，华夏文明重视人与自然的和谐，注重天人合一；而西方文明则强调征服自然，战胜自然。

早在古希腊、古罗马的文明中，就出现崇尚力量和求知的传统。《圣经》认为上帝按自己的形象造人，是要派他们去管理自己所创造的一切。培根提出“知识就是力量”的口号，认为人们追求科学的目的不是为了争辩中克服对方，而是为了在行动中征服自然。笛卡尔认为，清楚地了解水、火、空气、星球以及我们周围的其他一切物体的力量和作用，就能在一切适合的地方利用这些力量和作用，使自己成为自然的主人和占用者。这种思维固然对文明的发展具有重要的意义和作用。但恩格斯早就告诫人们“不要过分陶醉于我们对自然界的胜利”，过分夸大精神力量和科学技术在人与自然关系上的作用，忽视征服、占用自然可能引来自然界的报复。恩格斯的告诫很有预见和警示意义。

华夏文明则以《周易》为代表主张天人协调说：“夫大人者，与天地合其德，与日月合其明，与四时合其序，与鬼神合其吉凶。先天而天弗违，后天而奉天时，天且弗违，而况于人乎？”汉宋以后发展成为“天人合一”说，天地万物为一体，人是自然界的一部分。“一物而二体”，莫不有道。“道末时有天人之别”，在天则为天道，天地万物都有其发展的规律；在人则为人道，以仁义礼智为准绳。自然界有普遍规律。人生的理想，是天人的协调。这种思想肯定人与自然的统一，固然有其正确的一面，但过多地强调了自然界与人的共同规律，忽视了各自的特殊规律，把封建道德永恒化，人在自然界面前限于被动，影响了科学技术的发展。

（二）家庭关系方面：家族本位与个人本位的差异

在家庭关系上，中国文明以家族为本位，注意个人的职责与义务；西方文明则以个人为本位，注意个人的自由与权利。人类家庭的历史，一般来说经历了原始社会的血缘家庭、对偶家庭和一夫一妻制个体家庭等几个阶段。对偶家庭是父系氏族社会的产物，实际上是包含着几代人的家族大家庭，财产公有，家长的权力很大。不同国家的家庭形态的发展很不相同。

在西方，对偶制家庭公社进入阶级社会后还存在，对偶制虽然处于一个家长的管理下，但是均由选举产生，权力受到限制，原始公社的纯朴性保留较多，个人的自由和权利不致受到压抑和剥夺，土地的共同占有和共同耕作不变质。如日耳曼家庭公社存在了几个世纪后才演变成马尔克公社，土地从共有交由个体耕作，演变到永久占有。希腊罗马的私有财产出现较早，个体家庭的出现也较早，开始一直实行一夫一妻制。到中世纪后期以后，私有制深入到家庭的内部，父子兄弟乃至夫妇都各有各的私有财产，父权、夫权仅退居次要地位，这就为每个成员的独立性奠定了基础，也就为个人本位主义的产生发展提供了条件。这种个人本位主义强调个人的自由、权利和独立性，有其明显的优越性，家庭内部较为民主和平等，使西方人习惯依靠自己的力量去奋斗，去独立地求生存、求发展，而不依赖父母、不依赖家庭。但也由此缺乏个人对家庭的责任感和义务感，使家庭关系处于冰冷的金钱交易中，容易出现家庭危机。

在中国，由于治水等集体工程的需要，国家的出现较早，“普天之下，莫非王土”，土地国有制存在的时间较长，私有财产的观念薄弱，宗法制家庭公社从古代一直延续到近代，宗族势力很强，家长的权力很大。家长制实行同居共财制度，各成员在经济上不独立，必须仰赖家庭的共同财产生活，家庭的命运就是个人的命运，这就不能不以家庭为本位。同时，由于缺乏民主的管理机制，父权、夫权及调节家庭成员之间的道德伦理原则便显得很有必要，什么三纲五常、五伦八德便陆续制定出来。家庭本位把家庭看得比个人更重要，重视成员之间的伦理关系，诸如父慈子孝、兄友弟悌、夫唱妇随之类，其实是对家庭成员应负的责任和义务的规定。按照这种制度，家长掌握家庭的全部财产和收入，子女不管长多大，经济不能独立，必须由家长抚养。父母有抚育子女的义务，子女有赡养父母的义务。四世同堂、五世同堂的事例很多，备受人们的赞扬，传为佳话。但这种家庭制度的负面影响也十分严重，家庭内部等级森严，成员经济不独立，依赖成性，缺乏进取精神，几代同居，生机日促，家庭内的矛盾层出不穷。

（三）民族关系方面：协和万邦和征服世界的差异

在民族关系上，华夏文明的传统是维护民族独立，不向外扩张，理想的模式是通过教化，协和万邦。西方文明讲究竞争，主张征服别的民族、统治世界，往往被当权的统治者采纳付诸行动。

在西方，古希腊哲学家亚里士多德为希腊人掠夺奴隶、土地、财富，不断向外扩张、侵略的行为辩护说："野蛮人天生就是奴隶，希腊人无论走到哪里都不应该成为奴隶，奴隶主天性优于奴隶，天生就是经济的组织者。"古希腊后期，斯多葛派还提出世界国家的概念，每一个人天然属于统一的世界国家的公民。这种思想在征服了地中海沿岸广阔地带的罗马帝国十分盛行，当时的人们认为罗马是世界的中心，世界帝国的首脑应有无限的权力，有权对被征服的民族进行统治。基督教思想家奥古斯丁把全人类分为选民和非选民，即注定得救的人和注定灭亡的人，他主张采取残酷的手段，同反对正统教义的教派作斗争，为教会进行侵略扩张的野心服务。随着资本主义的发展，英、法、德、意等国先后结束了内部封建割据，建立起民族国家，形成一个个有共同语言、共同领域、共同经济生活以及表现于共同文化上的共同心理素质的共同体。资本主义的民族主义在反抗神权、争取民族独立自主的斗争中，起过进步的作用；但它支持向其他地区侵略扩张，把广大的亚洲、非洲和美洲变成殖民地，也有其丑恶的一面。

中国自秦汉以来就是一个统一的多民族国家，如何处理民族国家关系一直是一个重大的政治课题。华夏文明处理民族关系的基本理论，最早见于《尚书》的《尧典》和《禹贡》。《尧典》说："克明俊德，以亲九族，九族既睦，平章百姓，百姓昭明，协和万邦”。夏、商、周王朝的统治者施行分封制，一方面，通过分封子弟的方式在全国各地建立据点；另一方面，通过册封各部落和原有邦国首领的方式将他们置于自己的控制之下，使华夏族和蛮夷族在数百年的共同生活中，逐渐同化融为一体，到秦汉统一全国后形成了人口众多的汉族。此后，历代王朝虽然政治上屡有变迁，但以汉族为主体的格局始终未变。汉族，由于经济文化发展的水平较高，在政治生活也常占有重要的地位。因此，士大夫中难免存在一些“贵中华，贱夷狄”的观念，但“华夷之别”主要立足于文化水准，而不是诉诸种族的类别。只要在语言、生产和生活方式、文化心理等方面与汉文化融为一体，戎狄蛮夷也就被视为中华儿女了。

历史上不少王朝施行的都是“顺俗施化”“用夏变夷”的民族政策，有利于民族的同化与融合，使得汉族能够在历史上与其他民族保持密切的关系，逐渐融合成为今天世界上人口最多的民族。汉民族极为珍视本民族的独立和传统文化，对其他民族的骚扰和侵袭基本上采取的是防御政策，长城的修筑就是这一政策的明显体现。少数统治者热衷开疆扩土，往往受到舆论的谴责。杜甫说：“射人先射马，擒贼先擒王，杀人亦有限，列国自有疆，苟能制侵陵，岂在多杀伤。”因此，历代统治者对待少数民族的侵扰，大多是在坚决抵抗的同时，采取怀柔、安抚、和亲的政策，宽大为怀，友好交往。即或少数民族的首领在某些时候掌握了中央或地方的政权，在先进的汉文化的影响下，也不得不推行“汉化”，接受“顺俗施化”“协和万邦”的传统政策。从唐太宗起对各少数民族“爱之如一”，一般不改变其生产方式、社会制度和风俗习惯，多用加封各国首领为都督、刺史的形式，让他们继续统辖本民族，并可到中央政府或其他地方担任官员。明王朝实行“内安诸夏，外抚四夷，一视同仁，咸期生遂”的政策，对少数民族地区采取“土官与汉官参治”的办法。到孙中山建立民国，主张

“五族共和”，咸与维新，无不表明中国文明在处理民族关系时，爱好和平、各民族一律平等的优良传统。

（四）宗教信仰方面：兼容并包与唯我独尊的差异

在宗教信仰上，华夏文明的宗教观念淡漠，兼收并容，信仰多神教；西方文明的宗教观念浓厚，唯我独尊，信仰一神教。宗教，是人们面对自然社会与人感到不能掌握自己命运的时候，祈求某种超越的力量作为命运的依托和精神归宿的产物。

在西方，最先出现过许多具有民族性质的古代宗教，如古埃及、古巴比伦、古印度、古波斯、古犹太以及古希腊、古罗马的宗教等。这些宗教大多随着其古代国家的灭亡而消亡。随着世界各地区文化交往的日趋频繁和人们对自然及自我的思想认识不断加深，在民族宗教的基础上，产生了超越民族、人种局限，突破国家地区界定的世界性宗教，其中最为典型的是佛教、基督教和伊斯兰教。佛教约公元前6世纪起源于古代印度，其创始人为释迦牟尼，旨在以此来反对婆罗门教。公元前3世纪被孔雀王朝的阿育王奉为国教，开始传入亚洲各国，某些地方达到了政教合一的程度。19世纪以来，传入欧美各国，真正造成其在世界范围的影响。基督教于公元1世纪产生于罗马帝国时期的巴勒斯坦，随即流传到帝国全境，并于4世纪末立为帝国国教。罗马帝国衰亡后，基督教征服了整个欧洲，教会控制了不少国家的政府，后又随着欧洲资本主义的兴起及海外殖民扩张活动而传入非洲、美洲和亚洲等地，成为世界上影响最大的宗教。伊斯兰教产生在7世纪初的阿拉伯半岛，到8世纪初发展到欧、亚、非三洲，后来又从阿拉伯世界扩张到波斯、巴基斯坦、印度、中国和其他亚非国家，不少国家奉为国教，并逐渐传入欧美国家。

佛教崇拜释迦牟尼、基督教崇拜上帝、伊斯兰教崇拜真主，同属一神教。西方文明宗教意识浓厚，不仅与其他宗教不能相容，同一宗教的内部也因派系不同而矛盾甚深，不时爆发出来的宗教狂热，有时达到难以控制的程度，甚至激化成长年累月、你死我活的宗教战争。伊斯兰教发动的圣战，基督教的十字军东征，在世界史上都很有名，影响很大。西方的宗教组织严密，宗教场所辉煌，宗教仪式隆重，教规守则严格，教徒的宗教意识很浓，渗透到日常生活的每个角落。在现实生活中，许多教徒的科学思想提高了，虽然不再相信某个超人的神，但仍然不自觉地把宗教活动作为自己生活的一部分，影响之深可见一斑。

在中国，远古社会的原始宗教活动，以敬天祭祖为特征，但“祭神如神在”，并不特别隆重；“敬鬼神而远之”，宗教观念十分淡泊。儒家思想在社会生活和人们的思想活动中，长期居于主导地位，但从未建立过严密的组织，成为严格意义的宗教。战国时，燕齐沿海地区出现“形解销化，依于鬼神之事”的方仙道；西汉时，流传托皇帝而言神仙之术、托老子而言修道养寿的黄老道。东汉时期，开始形成有组织的道教，属于在中国土生土长的宗教，后来并与其他宗教派系融合，形成复杂、多元的局面。与西方流传的一神教不同，道教属于多神教，尊奉的神灵主要有自然神：如雷公、风伯等；英雄神：如关帝、岳王等；守护神：如门神、灶君、城隍、土地、妈祖等，以及行业神、功能神、职能神：如药王、财神、瘟神、蚕神等。华夏文明对宗教的态度比较宽容，只要遵纪守法，就准予传布。

佛教于公元1世纪由印度经西域传入，在其汉化过程中，与儒道思想结合逐渐发展成具有中国特色的佛教宗派。基督教在7世纪时以景教的名称传入。伊斯兰教在唐、宋之际传入，逐渐在回族、维吾尔族等少数民族中扎根。犹太教于唐代前后传入，来华犹太人曾在开封等地形成自己的社区，后来在漫长的历史发展中被同化。华夏文明中的宗教活动大体以三种形式而存在：一为兼容并包，不仅出现过儒、佛、道三教并存合流的局面，而且其他外来宗教也能广为流传；二为民间文化和群众祭天娱神等村社宗教活动相结合；三为封建帝王以郊祭、庙祭和封禅大典等形式构成的独立于各宗教之外的世俗君王的宗教活动。与传统儒家思想相比，任何一种宗教都可以自由传播，但都没有达到支配地位的高度，未能长期控制世俗政权，没有出现难以控制的宗教狂热，因而也没有出现过西方式的宗教战争。

（五）思维方式方面：和谐统一与分别对抗

在思维方式上，华夏文明企求和谐与统一，西方文明注重分别与对抗。在西方，古希腊哲学家赫拉克利特强调万物变化的规律性，指出宇宙中存在着矛盾、对立和转化，统一是由斗争产生的。他说："战争是万物之父，也是万物之王，它使一些人成为神，使一些人成为人，使一些人成为奴隶，使一些人成为自由人。"又说："战争是普遍的，正义就是斗争，一切都是通过斗争和必然性产生的。"[1]同时他也赞美和谐，认为和谐是由相互排斥的东西结合在一起而形成的。特别注重的是对抗和斗争，使他成为辩证法的奠基人。这种西方传统的思维方式，到黑格尔那里仍表现得十分鲜明，"抽象的自我同一，还不是生命力，肯定的东西是由于在自身中就具有否定性。"他侧重强调的是矛盾的斗争性在推动事物发展中的作用。近代西方文明中，形而上学的思维方式占据了统治地位，以培根和洛克为代表，把自然科学的方法移植到哲学中来，以形而上学对抗辩证法，认为每一个事物和它自身同一，一个事物不能是它自身又是别的。这种抽象的同一性观点，陷入了不相容的对立中进行思维，用它去把握世界的结果，必然是机械的、形而上学的世界观，看到的当然只是分别与对抗，并不符合事物对立面辩证统一的实际。

[1] 北京大学外国哲学史教研室.古希腊罗马哲学[M].北京：商务印书馆，1961：46.

在中国，观察、处理事物的思维方式一直具有辩证的特点，而且非常强调统一、和谐与中庸。《老子》："一生二，二生三，三生万物。"一是万物的根本。《黄帝内经》说："一分为二，谓天地也。"任何事物总是存在矛盾的，一分为二；但又出于统一的共同体中，合二而一。对立面的统一与差异，实乃辩证法的核心。二（对立）乃一（统一）的固有内容，一乃二的本来依据。人的思维方式必须符合这个事物本身的规律，也就是说必须把矛盾和差异当作统一体固有内容来把握的同时，又要把同一和和谐当作矛盾与差异的本来根据来把握，才能探索到事物的本质。企求统一与和谐，是十分重要和必要的。《周易》说："大哉乾元，万物资始，乃统天。"朱熹解释乾元"贯乎天德之始终，故曰统天。"离开统一就无法谈问题，不同因素的统一与和谐，才能使事物得以生长和发展。《国语》："和实生物。"《礼记》："和，故百物化焉。"《淮南子》："天地之气，莫大于和。和者，阴阳调，日夜分而生物。"《正蒙》："和则可大，乐则可久，天地之性，久大而已。"说的都是这个意思。

那么，如何才能使矛盾差异达到和谐统一呢？这就需要采取中和、中庸之道。《礼记》说："喜怒哀乐之未发，谓之中；发而皆中节，谓之和。中也者，天下之大本也；和也者，天下之达道也。致中和，天地位焉，万物育焉。"孔子提倡"执其两端，用其中于民"的办法，不要走极端，称赞"中庸之为德也，其至矣乎？"宋朝的二程认为："不偏之谓中，不易之谓庸。中者，天下之正道；庸者，天下之定理。"用这种思维方式观察事物、处理问题，态度公允，宽严适度，不激化矛盾，才可能达到较为理想的效果。

正是思维方式的差异，才使中国文明和西方文明在处理人与自然、家庭、民族、宗教等问题时，一以贯之地出现了华夏文明重统一和谐、西方文明重对抗斗争的两种倾向。

将华夏文明置于世界文明中去考察，我们不仅看到了华夏文明对东亚文明、西方文明的影响及其价值，而且可感受到华夏文明对华夏城市文明理念、华夏文明城市价值取向的影响。所以，华夏城市文明的兴起、演进和发展必然具有不同于西方城市文明的路径、方法。在西方工业革命之后，西方城市现代化、现代文明的快速演进，而处于工业化、城市化中的华夏城市文明，进入相对缓慢的发展之中。改革开放以后的经济社会发展，给中国的城市化增添了活力，但也给城市化带来了种种城市病。所以，华夏城市文明期待新的动力机制，让其焕发华夏文明的种种魅力。

第三章
华夏城市文明的历史演进

如前所述，华夏城市文明集中展现并承载着华夏文明，华夏城市文明又不断丰富华夏文明的内涵，向世界传播华夏文明的现代风采和风骨精神。本章进一步阐释华夏城市文明的滥觞及演变，对于我们更好地认识当代华夏城市文明的历史与现实逻辑，把握当代华夏城市文明的本质及亿万人民群众的文明创建活动具有重要意义。

一　华夏城市文明的滥觞

城市是人类文明的放大器和加速器，城市文明的发展聚焦和折射着人类文明演进的轨迹。对华夏的城市文明，我们着重研究其起源（即城市的发端和古代的城市文明），又延伸至近现代的发展，从中发现2002年以来中国开展全国文明城市创建对提升华夏城市文明的价值。

（一）华夏城市的产生

中国是世界四大文明古国之一，也是最早产生城市的国家。在我国古代文献中，"城"和"市"是两个概念。"城"是指有防御性围墙的地方，能扼守交通要冲，防守军事据点和军事要塞。《管子·度地》记载:“内为之城,城外为之郭。”《墨子·七患》记载:“城者,所以自守也。”“市”是商品交换之所。《周易·学辞》记载:“日中为市,致天下之民,聚天下之货,交易而退,各得其所。”市有大市、早市、晚市之分。《周礼·地官》记载:“大市,日昃而市,百族为主;朝市,朝时而市,商贾为主;夕市,夕时而市,贩夫贩妇为主。”从这句可看出古代城市的简单功能:军事防御和商品交换。

根据现有史料和考古实物证明,我国最早的城市产生于原始社会末期,也即是原始社会向奴隶社会的过渡时期。这个时期,从考古文化上说,大体相当于“龙山文化”时期(公元前2500年至公元前2000年);从我国历史上说,相当于传说中的黄帝时代,经尧、舜、禹直到夏朝前期,其间经历数百年之久。

之所以这样说,是因为在我国古书中已经有了关于这个时期部落首领建都和筑城的记载,同时更重要的是我国考古工作者也确实发掘到了属于这个时期为数不少的城址。如在《周礼》《尚书》《左传》《史记》等早期文献中,都有关于三皇五帝建都的片段记载。南宋郑樵《通志·都邑略》对其作了整理,比较系统地记载了三皇五帝之都的地点。

《通志·都邑略》录三皇之都云:“伏羲都陈;神农都鲁,或云始都陈;黄帝都有熊,又迁涿鹿。”五帝之都为:“少昊都穷桑;颛帝都高阳;帝喾都亳,亦谓之高辛;尧始封于唐,后徙晋阳,即帝位都平阳;舜始封于虞,即帝位都蒲坂。”

关于部落首领筑城的记载史书也不乏其例。《轩辕本纪》载:“黄帝筑城邑,造五城。”《黄帝内经》:“帝既杀蚩尤,因之筑城。”《世本·作篇》:“鲧作城郭。”《淮南子·原道训》:“昔者夏鲧作三仞之城,诸侯背之,海外有狡心。”《吴越春秋》:“鲧筑城以卫君,造郭以居人,此城郭之始也。”《太平御览》卷192引《博物志》曰:“处士东里槐,责禹乱天下,禹退作三城……”,等等。

三皇、鲧禹虽不是同一个时期的人，但他们都是原始社会末期杰出的部落和部落联盟首领，都处于我国从原始社会末期向奴隶社会的过渡时期。正如郭沫若主编的《中国史稿》一书中所说："从原始社会到奴隶社会之间，有一个过渡时期。在我国历史上，这个时期可以溯源到传说中的黄帝时代，经尧、舜、禹直到夏代前期，持续了数百年之久。"[1]

（二）华夏城市遗址佐证千年文明

在西汉，司马迁著《史记》就遇到一个难题：悠悠古史，从哪里写起？太史公不由感叹，"百家言黄帝，其文不雅驯，荐绅先生难言之"。近代中国命运多舛，三皇五帝肇始的古史传统面临动摇和坍塌。民族的命运与未来，有赖于对她的历史过程的深刻理解。人们不约而同地将希望的目光投向新生的现代考古学，正如史学家翦伯赞所言，"由盲目的信古而进到疑古，更由消极的疑古，而进到积极的考古"，书写中华文明早期历史成为学人的自觉担当。

一项项重要考古发现让我们日益清晰地看到史前文化中透露出的文明曙光，也越来越真切地触摸到早期中华文明脉动的韵律。

从考古发掘来看，随着我国考古工作者对探索夏文化等考古工作的深入开展，在黄河中下游平原地区，长江中游两湖地区，长江上游四川盆地和内蒙古高原河套地区四大区域先后都发现了史前时期的城市遗址。[2]如：黄河中游地区河南郑州西山城址、淮阳县平粮台城址、登封县王城岗城址、辉县孟庄城址、郾城郝家台城址、安阳后岗城址等；黄河下游山东滕州西康留城址、章丘城子崖城址、城子崖以东各相距约50公里的邹平丁公、淄博田旺、寿光边线王三座城址，以及鲁西平原阳谷县景阳冈城址等。

---

[1] 郭沫若.中国史稿：第一册[M].北京：人民出版社，1976：129.
[2] 任式楠.中国史前城址考察[J].考古，1998，1.

又如：长江中游两湖平原地区有湖北天门石家河城址、湖南澄县城头山城址、鸡叫城城址、江陵阴湘城址、石首走马岭城址、荆门马家垸城址等；长江上游四川成都平原有新津宝墩城址、温江鱼凫城址、郫县梓路城址、都江堰市芒城址，还有内蒙古河套地区的石城聚落群先后发现有18座古城址。

2012年6月，探源工程的考古队员在内蒙古敖汉旗对红山文化遗址进行调查、测绘，由几块独特的泥质红陶碎片，精心复原出一尊陶人。这尊陶人通高55厘米，形象逼真、表情丰富，是目前为止能够完整复原的红山文化晚期最大的整身陶质人像。陶人所代表的正是活生生的五千年以前我们先祖的形象，为研究当时的社会发展阶段、原始宗教崇拜提供了最直接的考古实证。五千多年前的祭坛、女神庙、积石冢群……以牛河梁规模宏大的坛庙冢遗址群为中心的红山文化，是中华五千年文明的一个实证，这一点越来越成为学界共识。

此外，安徽含山凌家滩、江苏张家港东山村等遗址也获得重要发现。这些都表明距今五千三百年左右开始，长江、黄河及西辽河流域的文明化进程进入加速发展时期。在距今五千三百至四千三百年期间，一些文化和社会发展较快的地区相继出现了早期国家，“依照历史记忆，可称之为‘古国时代’”。[1]

由上可见：中国文明探源工程发现的古城、古国，与国外城市相比较，也是差不多的。美国著名城市规划理论家刘易斯·芒福德在《城市发展史》一书中谈到国外最早城市产生的时期时这样写道：“城市，作为一种明确的新事物，开始出现在旧石器至新石器文化的社区中。”又说：“目前已知的最古老的城市遗址，大部分都起始于公元前三千年，前推后移不多的几个世纪。”

[1] 文明探源工程给出五千年家谱[J].中国民航报，2018-06-20.

二　华夏古代城市文明的演进

城市兴起意味着文明的起源。从古代华夏城市文明的兴起到现代城市文明，城市文明是随着我国城市经济社会的发展而发展的。这里，分析华夏城市文明的演进的路程，进而揭示华夏城市文明的特质和历史文化价值。

（一）夏商周时代城市文明的兴起

1. 夏商时代的城市

夏朝大约存在于公元前21世纪至公元前16世纪，历时四五百年。夏朝出现了我国历史上一些最早的真正意义的城市。在早期文献中，最早修筑城郭之事，传说与夏的先人有关，如《世本》引《五月春秋》："尧听四岳言，鲧曰'帝遭天灾，厥黎不康。'乃筑城以卫君，造郭以守民。"又如"鲧作三仞之城"（《淮南子・原道训》），"鲧作城郭"（《世本・作篇》）。还有"处士东里槐责禹乱天下事。禹退作三城，强者攻，弱者守，敌者站，城郭盖自禹始也"（晋张华：《博物志》）。

下面列出夏代世系及主要都城所在：

禹——安邑（山西夏县）、阳城（河南登封）、阳翟（河南禹县）、平阳（山西临汾）

太康——斟鄩（河南偃师）

少康——纶（山东济宁）、原（河南济源）、夏邑

2. 两周时期的建城高潮

周人集团是在泾、渭地区壮大起来的政治力量。早在周原岐下，周人一方面发展起一套成熟的社会组织制度，另一方面在同犬戎的斗争中壮大了军事力量。周人在周原所建立的有城邑社会，比东方的商人稳定。周人在"西土"的崛起，使政治中心逐渐西移，造成了古代中国人文地理格局的重大变化。他们在渭河流域建立的都城丰

镐，以及不久之后在洛水流域建立的洛邑，奠定了中国王朝时代前期十分稳定的政治城市轴心区，这一政治城市轴心区一直延续到汉唐时代。

周人灭商之后，势力迅速扩展到辽阔的“东土”，即黄、淮流域平原地区，形成了疆域广大的周王朝。在西周时代，王都作为王朝的统治中心，在观念上与事实上，不断强化。另一方面，互相呼应的中小城市亦广泛分布，形成了华夏历史上第一套分布广阔的地域城市体系。可以认为，在这个时期，出现了华夏历史上第一次范围较大的建城高潮，这次建城高潮以周公营建洛邑、受封诸侯建国为特征。

虽然周人在渭水流域建立了丰镐，但周人灭商之后立即感到在东方建立统治据点的需要，遂选中中原的伊、洛盆地建立东都。命召公先行相宅，占卜吉兆，命殷人规划基址。周公至洛视察工程，举行郊祭、社祭，然后命殷商诸侯始营作。周公营建的西周东都称洛邑，初建时也称新邑、新大邑、洛师等。西周灭商以后，在东方的领土骤然扩大了许多，为“抚有”辽阔的“东土”，包括殷商人旧地，周人采用了更加完善的分封制度。

西周城市建设方面的成就，首先是规模。按照《考工记》的说法，天子的王城方九里，诸侯的国都、公的城方七里，侯伯的城方五里，子男的城方三里。至于大夫的采邑，按《左传·隐公》的说法，也有三等：“大都，不过参国之一，中，五之一，小，九之一。”根据考古发现，齐国都城临淄的规模（不包括外郭城）约合周制4×5里，基本接近规定的侯伯之城的礼制。与规模相关联的是城墙的高度也有等级，“以高为贵”。王城城墙高七丈，诸侯的五丈，大夫的三丈。以城隅而言，王城九雉，诸侯国七，邑五。城内道路的宽窄也有等级，经纬涂的等级依次为九轨、七轨、五轨，在周代，一“轨”等于八尺。这些城市建筑规模的等级原则，是不能违背的，《左传·桓公》载：“师服曰：吾闻国家之立也，本大而末小，是以能固。”[1]

3. 东周与春秋战国时代的城市

到了东周的春秋战国时代，“礼崩乐坏”，西周以来曾控制城市建设发展的一整套礼法制度、社会秩序从根本上解体。天子衰微，王城不再有位极天下的神圣性与权威性，而诸侯大夫的城邑“僭越”旧礼，在政治、经济、军事方面大幅度发展、完善，形成各个区域的综合性中心城市，其中有些城市的实力甚至可与王城（洛阳）分庭抗礼。其他中小城市或城邑的数量亦迅速增加，呈现“千丈之城，万家之邑相望”的局面（《战国策·赵策三》），这可以看作中国早期历史上第二次城市建设高潮。

当时更直接影响城市发展的社会变化之一，是列国人口数目的大量增加，密度的相对提高。例如在齐国，“邻邑相望”（《庄子·胠箧篇》），“鸡鸣狗吠之声相闻，而达呼四境”（《孟子·公孙丑章句上》）。

商业和交通的发展是另一直接影响城市发展的社会原因。《诗经·小雅》所称“周道如砥，其直如矢”，形容周的道路平整、笔直，修建水平已经相当高。

（二）秦汉时期的城市文明

1. 秦汉时代的都城

秦汉时代，是中国历史上两个中央集权的庞大王朝。在统一王朝的各个地方，以地方行政体制为纲，地方城市体系逐步确立，形成了全国统一的郡县城市网络。

（1）秦阿房宫

秦人本来居住在陇山以西，后随着对各民族的征伐，不断向东开拓疆土，秦德公时建都雍城（今陕西凤翔县境）。秦人居雍近三百年。

[1] 李孝聪．历史城市地理[M]．济南：山东教育出版社，2007：61–65.

秦灵公时迁都泾阳(今陕西泾阳县境),后秦献公再次东迁,建都栎阳(今陕西临潼东北),旋又西回,终于定都咸阳。

从秦孝公十二年开始营建,到秦王朝灭亡,项羽兵屠咸阳、火焚宫室,咸阳城共历一百四十余年。城市最初是在渭河北岸兴建的,后来越过渭河,向南岸拓展,呈横跨渭水两岸的局面。但无论是文献记载还是考古发掘,都不见城墙的痕迹。[1]在渭河以北,分布着仿造东方六国的宫殿,有的仿"冀阙宫廷",也有的"营如鲁卫"。秦始皇兼并天下,每灭掉一国,就在咸阳原上照他们原来的宫室依样建造,以至"南临渭,自雍门以东至泾渭,殿屋复道周阁相属"(《史记·秦始皇本纪》)。这样,从咸阳以东,沿着渭水,一直将宫殿建造到了泾水、渭水汇合处,绵延甚远。在渭河以南,秦惠文王时已开始建造阿房宫,秦昭王又建章台宫和兴乐宫,这两座宫殿成为秦国重要的政治活动场所。秦始皇统一中国后,进一步营建阿房宫。阿房宫是一组宫殿群的总称,未及完成,秦朝灭亡。但仅仅是已完成的前殿和部分宫城,便已十分壮观。

(2)西汉长安城

汉兴,再度"海内外",版图的辽阔远胜秦代。在都城长安的建设上,继承了秦朝宏观视野的传统,城市的平面布局也呈现出无拘无束的特色。表面上看,汉长安城筑有城墙,还有人把城墙的形状说成是有意仿造天象的精心设计。事实上,城墙不是长安城的边界,与后来的明清北京城的那种分割城、郊的城墙,有本质的区别。它的形状也不是有意的设计,而是自然的形成。在建城之初,本没有考虑城墙,高祖刘邦居住在长安,军政天下,但不知长安城的城墙为何物。几年后,因匈奴威胁日紧,北部的白羊、楼烦两个匈奴王距离长安仅七百里,轻骑一日一夜可到,为安全计,汉惠帝时再修整起来,才形成

[1] 文献记载咸阳有城,亦有与城门有关的事迹,历经数次营建,但是考古未发现完整的横跨渭河的城墙。

汉长安城墙的轮廓。

西汉都城长安城位于渭水南岸龙首原，今陕西省西安市西北郊汉城乡。公元前202年，汉高祖刘邦在秦兴乐宫基础上建长乐宫，公元前200年又在其西侧稍南兴建了未央宫，为主体宫殿，两宫的南、北围墙不在东西一条直线上。继而在未央宫北侧建造北宫。汉惠帝当政之时（公元前194年），用五年时间才加修了汉长安城外郭城墙。汉武帝时期，城内宫室建筑得到大规模发展，扩建了汉高祖时修筑的北宫，在其西侧新建了桂宫，于长乐宫北新建明光宫，并在长安城西墙外营筑了巨大的建章宫。

长安城内东北部地势最低，是平民百姓的住居所在。住宅区内有许多里巷，实行严格管理。长安城内商业区主要分布在城东北部和西北部，以西区最繁华，是市场和手工业作坊区。汉成帝以后在长安城南陆续建造礼制建筑，逐渐衍化出皇帝祭天于南郊的制度。

长安城作为西汉王朝的首都，是当时全国政治、经济和文化中心，探讨其平面布局的特点，对把握中国古代城市规划制度与形态，具有十分重要的意义。

（3）东汉都城洛阳

刘秀与李通等人起事于宛。公元25年，赤眉军迫近长安，刘秀于鄗县之南即皇帝位，号光武，以建武建元，随后定都洛阳，史称东汉。因南阳郡是刘秀故乡，其郡治宛县被尊为南都，政治经济地位仅次于洛阳。东汉建都洛阳在一定程度上使全国政治中心东移，东汉曾大力整修洛阳一带的水利工程，治理陈留郡的黄河、汴河，令（黄）河不侵汴（河），使洛阳漕运与鸿沟水系安然相连，江淮地区的粮食物资得以顺利到达京师。由于地处中原，交通便利，洛阳成为东汉商业最发达的城市。

2. 秦汉地方城市

距今两千多年的春秋战国时期是中国早期城市的第一个发展阶

段，主要体现在众多的诸侯都城的出现。城市数目增加、城市人口增多，生产力的提高和地主经济的出现，城市商业交换的繁盛，促进了城市自身的发展，出现不少商业都会，如齐之临淄、赵之邯郸，等等。秦汉地方城市的发展基本继承了战国时期城市的特点，因为许多郡县城都是前期城址的沿用。汉代对河西的经略使中国西北首次出现了建制型城市。

随着农业经济的发展，汉代城市的商业职能有所加强，出现一批人口规模较大的城市。《史记・货殖列传》记载当时长安以外共有20余座较大的经济都会，它们都是区域性的商业中心，而且总是同交通区位联系起来。最主要的经济都会是长安、洛阳、成都、江陵、邯郸等。同时，地方城市的确立，与郡县制的地方行政管理制度相结合，建立城市网络，结束了商周以来血缘民族为主体的社会结构，形成以地缘政治为主题的社会结构，这在中国城市发展史上和中国历史发展阶段上都属于本质性的变化。

西汉时期，国力强盛，天下艾安，社会发展程度比秦代成熟。因此在城市形态上，也要丰富得多。其中最有价值的是"陵县"的形成。西汉初年曾大规模向关中移民，主要是将关东六国贵族后裔、地方豪强及列侯、两千石以上的官吏迁入关中。这些人口的一部分住在长安，而大多数被安置在帝陵附近的陵县，因此关中各陵县曾一度是西汉最富庶的县级机构。

（三）魏晋南北朝时期的城市文明

从公元3世纪至6世纪，北半球、欧洲大陆的东西方都不约而同地经历了大规模的战乱、民族迁徙和融合。游牧民族进入农耕地区、频繁的政治动乱与战争，扰乱了农业民族的社会秩序。随着罗马帝国与汉帝国的相继解体，统一的国家制度与意识文化均遭到不同程度的破坏和摧残，东西方大批曾经分别有过百年辉煌的城市均毁于一旦。欧洲高度发达的地中海古典文明被“北方蛮族文化”所取代，开始经历一个较长的政治、经济和文化的低落期。中国则经历了北方各民族轮番内迁，中原人民举族南下，混乱与割据之后，形成了近两个世纪的南北政权分立。尽管华夏文明也曾遭到摧残，但是文化传承并未中断，而是在迂回容受中缓慢地发展。

1. 魏晋南北朝时期的都城

魏晋南北朝时期最具代表性的城市形态是不同文明政权建立的都城：曹魏邺城，魏晋洛阳，北魏平城与洛阳，东魏北齐邺南城，江南六朝都城建康。值得注意的是魏晋南北朝时期的都城规划，虽然这个时期有很长时间出于对立或分治的情势，但是文化观念上的相互模仿和传递始终没有停滞，逐渐形成了一种都城规划设计上新的形态范式，从而为继起的隋唐都城规划开启了制度上的渊源。[1]

2. 魏晋南北朝时期的地方城市

魏晋南北朝之际是统一的大帝国逐步解体，地方行政建制由郡县两级制演变成州—郡—县三级制的时期，而且随着胡、汉民族的融合与反目，移民迁徙浪潮、虚封、遥领、侨置现象迭出而导致州郡泛滥，使这一时期地方城市的规模不可能再严格遵守地方行政级别的约束。中国城市发展进入了一个转型期。

魏晋南北朝时期的地方城市长时间处于战乱和地方政权割据分治的情势，特别是北方地区，进入农耕社会的各游牧民族在大部分属民没有脱离自身生活方式的情况下，又必须占据、修筑城池以实行层级的地方行政管理，以表明掌握了农业社会地域权力，因此不可避免地需要利用现成的汉、晋王朝留下来的城市，或在其基础上予以重建，但是又不存在完全意义上的农业，城市生活处于衰退之中，城市建筑萧条简陋。

---

[1] 李孝聪.历史城市地理[M].济南：山东教育出版社，2007：113-115.

3. 魏晋南北朝后期的里坊区

魏晋南北朝后期至隋唐的都城普遍规划里坊区，并构筑坊墙来对城市生活进行封闭式的管理，是中国城市发展史的一个阶段性形态特征。城市居住地划分里坊，本是中原旧制，适应对城市编户管理的需要。草原游牧民族迁徙入农耕地区后也开始采用，并且更为严格，以适应其社会结构转型的统治需要。

据现存史料初步统计：北魏洛阳以前的汉魏时期，城市居民区一般用“里”来表示，如：西汉长安城有尚冠里、修成里、宣明里等160个里；曹魏邺城的戚里、长寿、永平、思忠也都是用“里”来称谓的。从北魏洛阳城开始，里、坊并用。例如：皇室所居的寿丘里，西大市周围的达货里、调音里、退酤里、慈孝里等商贾业里。可是，洛水永桥南却又与四夷里和白象坊、狮子坊混称。邺南城以后城市居民区逐渐改用“坊”来称谓。

日本学者妹尾达彦对里坊名称作了整理，认为：坊是“防”的俗称，指建有用于坊壁坊墙的街区，产生于后汉末至五胡、北朝时的动乱期，终止于唐末或北宋。但是作为都市行政区划的名称，在唐代坊正式代替从前的里制之前，坊是民间称呼，里是法律上的都市行政区划。隋初曾一度采用过“坊”的名称，但是隋炀帝又恢复了“里”的称呼。坊作为都市行政区划制度的名称一直沿用至明清时期。[1]为了避免混淆名称，将筑有坊墙的围郭居住地区制度称作“坊墙制”，以此与唐朝以后无论有无坊墙的宋元明清都市行政区制度仍称“坊”相区分。在某种意义上说，当代中国各城市的“居委会”管理，是魏晋南北朝时期“里”与“坊”的延续。

---

[1] [日] 妹尾达考.都市的文化生活[M]//谷川道雄.魏晋南北朝隋唐的基本问题.李凭，译.北京：中华书局，2010：365–472.

（四）隋唐时期的封闭式坊市制城市

隋唐时期是中央王朝在全国推行封闭式的城市管理，使坊市制城市形态达到巅峰的时期。同时从唐朝末叶开始，也是用坊墙限隔城市生活的管理体制由完善逐渐走向解体的过程，这似乎应验了对立统一的辩证法。隋唐城市规划设计采用封闭的坊墙形态，因袭北魏洛阳城和东魏北齐邺南城的布局设计。

唐朝立国之初就用法令规定了城市与乡村的区别，《唐令拾遗》收入武德年间的《户令》："百户为里，五里为乡，四家为邻，五家为保。在邑者为坊，在田野者为村。"唐玄宗开元时《户令》更加明确："两京及州县之郭内分为坊，郊外为村。"这是从行政法律上对城市、农村分别管理的制度规定，也是唐朝城市内部采用坊制的依据。"唐令"并没有指出坊市制城市的形态是什么模样，而是考古学者和历史学家通过对唐代城址的调查，并结合文献记载的分析，才逐步揭示了隋唐封闭式坊市制城市形态与结构的特征。

从城市经济活动来看，封闭式的坊市制度是中国隋唐社会政治经济的集中表现，反映了超经济的强制在中国社会关系中仍然占主导地位，人身依附关系还比较强，农村人口流入城市不是很容易。采取封闭式坊市制度的目的是为了严格控制城市居民人口。在中国历史上，用市籍的办法进行登记，是王朝政权统治与控制人民的一项重要而有效的手段。市籍的有效运作是依靠在城市内设置专门的市场作坊区（市坊），由主管的司官来监督控制商人的买卖活动，实行定时开市和散市的制度。因此自汉代以来的里坊制城市中一定会设置与住宅区分离、集中管理的封闭的市场区，从汉、魏、隋、唐的文献与都城规划布局图中已能找到证明。市籍登记制度至少延续到唐朝中叶，唐朝后期随着夜市开禁，封闭设市和依时启闭的制度逐渐不合时宜，市籍登记制度也随之终止。

隋唐时期的城市发展受魏晋南北朝的影响较大。据不完全统计，魏晋南北朝时期共新设县城近220个，其中以现今四川、湖北、广东三省所在地区数量上分别为前三名，长江下游三吴地区由于人口大量迁入，城市渐成规模。在北方，除黄河中下游及渭河、济水沿岸新增州县而建造城市之外，总的城市数目并没有显著增减。受到魏晋南北朝的影响，唐代地方城市特别是府州城一般多有子城，如太原、成都、扬州、绛州、潞州等。史书中一般将外城称为“罗城”，内城称为“子城”“牙城“衙城”。唐代罗城与子城的功用较为明确，罗城内主要安排居民住宅和市场，也就是“坊市”所在，子城之内分布的是各类官衙、军资仓储及主要官员的住宅。唐朝中叶以后，与都城的演进相同，地方城市中日益活跃的经济活动也逐渐突破了封闭的“市坊”的约束，在城市里或城市附近的水陆交通要道口逐渐出现了街市、桥市、鱼市，买卖延迟到掌灯时分，形成更热闹的夜市。

唐朝诗文中言及南方许多城市有鱼市。方干《越中言事二首》：“沙边贾客喧鱼市，岛上潜夫醉笋庄，终岁道遥仁术内，无名甘老买臣乡。”罗邺《南行》：“鱼市酒村相识徧，短船歌月醉方归。”张籍《泗水行》：“城边鱼市人行早，水烟漠漠多棹声。”姚合《听僧云端讲经》：“远近迟斋来谛听，酒坊鱼市尽无人。”桥头常形成桥市。王建《寄汴州令狐相公》：“水门向晚茶商闹，桥市通宵酒客行。”杜荀鹤《送友游吴越》：“夜市桥边火，春风寺外船。”周繇《津头望白水》：“城郭半淹桥市闹，鹭鸶缭绕入人家。”唐人诗文中描述最多的是夜市，尤以南方城市中出现夜市为多。卢纶《送吉中孚校书归楚州旧山》：“沿溜入阊门，千灯夜市喧。”王建《夜看扬州市》：“夜市千灯照碧云，高楼红袖客纷纷，如今不是时平日，犹自笙歌彻晓闻。”张籍《送郑尚书出镇南海》：“蛮声喧夜市，海色浸潮台。”杜荀鹤《送人游吴》：“君到姑苏见，人家尽枕河，古宫闲地少，水港小桥多，夜市卖菱藕，春船载绮罗。”[1]随着城市商业运作空间不再局限于固定的市坊内，国家逐渐结束了对“市”的封闭性管理，这也宣告了封闭性坊市制的终结。

（五）宋、辽、金、元的城市

从唐代中后期开始，经五代至北宋之际，随着农村租佃制的推行，农民对地主的人身依附关系逐渐减弱。

1. 宋代的城市

宋代乡村人口不再依附于土地和地主，能够较自由地转入城市。宋代粮食产量的增加为流入城市的人口提供了生活保障，也促进了城市商业的繁荣。随着城市经济生活的不断繁荣和发展，靠坊墙来限制商品交换的地点，用宵禁来控制城市生活的时间，已经与社会现实情况相悖。倘若再像唐代长安、洛阳封闭的市坊那样，由官府设市，围之以墙，将千百个店铺、堆积如山的货物，限制在方圆仅600步狭小固定的范围内，并由官吏严加看管，定时买卖的制度则严重阻碍商品流通。旧的封闭式坊市制度已成为城市生活的障碍，物货买卖突破坊墙的限制，昼夜交易，已是势所必然。

正是在经济发展趋势和现实社会生活需求两种条件的影响下，宋代城市开始了从封闭的坊市制形态向开放式街巷制形态的转变。此处的“封闭”与“开放”只是针对古代城市市场的空间配置和允许开市的时间相对而言，与当代城市的“开放”含义不可同日而语。开放式的街巷制形态从宋朝一直保存到元、明、清时代，达一千年之久，迄今我们仍然能够从当代中国城市中发现中国王朝中后期城市形态的影子。这个变革的过程是逐步地、渐进式地，其中虽然不乏前一历史阶段城制的余光折射，但是宋代以后的城市发展的总趋势、城市形态、城市结构、城市管理与中国王朝前期相比已有很大差异。

---

[1] 以上引诗均见《全唐诗》，参氏著。

2. 辽、金、元时代的城市

辽、金、元三朝都是北方民族建立的政权，这些民族原本都是逐水草而居，基本上没有什么城市的概念，只是在与中原文化不断碰撞与融合的过程中，一方面，出于自身文明发展的需要，另一方面，受到了中原文化的影响，有了定居农业，开始兴建城市。辽、金、元时期，来自中国北方的契丹、女真和蒙古贵族统治集团需要应对中原农耕地区城市与乡村有差别的社会，为了实行有效的统治，采取了一种对城市进行专门化行政管理的政策，使中国城市的管理制度发生了某些变化。

契丹王朝政权的建立是在唐朝末叶，而且一直保持着原居住地氏族社会和畜牧渔经营方式与新统治地区域社会和农业经营方式共存的双重社会状态，因此其都城的规划建设，必然既要适应原有的契丹社会结构，同时又受唐代都城设计规划和形制的影响。

女真族兴起并取代契丹人的统治地位以后，与辽代的城市管理类似，也是既要沿用中原统辖地区的州县城市，顺应原北宋地方建制城市的体系，又要构筑金界壕和边防城址，防御来自北方草原部族的威胁，使得金代地方城址也大致可以分为两类：一类是地方行政建制城市，另一类是具有军事意义的边防城堡，其中尤以金界壕附近的军事城堡最为典型。

元朝与先于蒙古人的契丹、女真的辽、金时期相比，其统辖的地域异常宽广，尤其是农业文明和儒家文化底蕴最深厚的广大江南地区都在其管理之下。所以，对于元朝统治者来说，必须善待作为农业地缘社会文明与有效管理地方各级城市。元朝统治前期和后期的政策是有差别的，这导致元代的地方城市有两个比较大的特点：第一，由于受到毁城和不修城政策的影响，在很长一段时间内，元代的地方城市大都没有城墙；第二，同样受到毁城和不修城政策的影响，自宋代来就已经逐渐衰落的子城最终退出了历史舞台。

随着经济社会体制的变革，城市形态和地域结构则从不同侧面体现社会变革的风向标，辽宋金元王朝恰好处在中国社会由古代向近代的转型期，在长达四百多年里，无论都城还是地方城市都反映了变革的轨迹。五代、北宋以来，随着租佃契约制在农村逐步推行，农民可以相对自由地脱离土地而来到城镇做工，有生产积极性的劳作使粮食产量也足以供应城镇的消费。里坊制度的解体，商品买卖交易不必定时定点，使城市获得自由发展的机会，导致城市规模与形态发生了改变。商业街作为城市功能的一个表现形式，与传统的政治中心官衙抢争风头，并突破城墙的约束向城外延伸，从而摆脱了中国城市传统设计意念的制约。城市商业功能的逐渐增大，使传统礼制设计意念淡出。

宋辽金元的城市较隋唐城市更多地考虑到了政治、军事与经济发展的时代需求。中央对地方城市采用哪一种规划方法没有硬性的规定，城市规划照顾到当地的实际情况，城市外部轮廓不讲求规则，这些特点在隋唐时期的城址中是难以发现的，隋唐地方城址的规则更多地体现了律令制度下统一的等级化的需要。宋辽金元时代的城市选址、城市形态与地域结构，从中国历史进程上看，是一个形象地表达社会变革时期特点的物化载体。在这个意义上说，宋辽金元时代的城市发展，是华夏城市文明演进中重要的“城市革命期”。

（六）明、清时期的城市制度与城市形制

随着明朝统治者采取有利于缓解社会矛盾和发展农业、手工业的措施，明朝的商品经济逐渐发达，城市繁荣起来。民谚有句话说：“汉冢、唐塔、朱打圈”，意思是汉代墓多，唐代建造的塔多，明代修的城池最多。这一时期城市发展表现为：大规模重筑城池，随行政级别而规范；城市数量增多，工商业市镇兴起；城市人口增加，城市规

模突破城墙，形成关厢；京城首都的礼制性规划建设、城市人口构成变化，工商业城市逐渐有分工，形成行业中心城市；一般城市内的市集也非常发达，市集与庙会的宗教活动结合起来。工商业城镇大量涌现是这一时期城市发展的一个重要特征，在原来城镇近旁或城乡之间较大的居民点，逐渐形成新的集镇。尤其是江南地区，以农副产品加工、商品集散为主要职能，分布规律渐渐符合“中心地理论”的模式。

随着经济的发展，明朝很多地方城市在城门外沿交通线出现了一些聚落和市场，在方志中称为“城关”或“关厢”。明代的城市制度要求府州县城十字街皆置鼓楼，尤其在隆庆、万历以后很流行，有许多城市的鼓楼在这个时期被移建到十字街中心。例如：在隆庆以前，蒲州鼓楼建于州衙署前，隆庆时移置十字街中心。在城市的十字街建鼓楼，有为城市报时的作用，同时鼓楼作为城市至高点，可以加强对城市中心地带的监控，在中国城市规划上是一个地标性的变化。明代还在地方城市内敕建许多国家祭祀的坛庙，如城隍庙、社稷坛、厉坛、山川坛、风神庙、雷神庙，特别是在正北城墙上建真武庙、东南城角建魁星楼，将文庙、儒学安置在城市的东南部，都是从城市规划制度上要求向传统礼制复归的举动。如果城墙不方正，则难以体现这些意念。

清朝贵族统治者认同中国传统的制度与价值观，使得清朝的社会经济有较大的发展，城市摆脱明政权更迭造成的破坏，逐渐复苏。但是，只是京城和东南沿海的城市得到了工商业发展的机遇，大多数地方城市仍处在行政机制运转之中缓慢发展。城市形态基本定型于政治城市，造就了中国城市的传统景观。晚清时期，外国势力的渗入，改变了清朝城市的面貌，一部分城市开始向近代化发展，在城市形态和结构上与传统城市表现出极大的差异。

总之，明清时期强调城市在一定空间领域内的控制权，强调城市与乡村的差别，因为这权力来自天子——皇帝，城市形象的尊严与至高无上也就代表了皇帝的权威。

三　近代华夏城市文明

19世纪中叶以来，随着外国势力的侵入以及人类社会交通运输工具的革新，促使中国城市传统结构与特征发生了重大的改变，华夏城市文明开始跨进了近代化的门槛。

（一）近代华夏城市的地域化

19世纪中叶以后，华夏城市的地域结构有了新的变化。

鸦片战争后，随着外国资本主义侵入中国和本国资本主义发展，一批开阜通商城市迅速兴起，城市性质、规模、功能、结构等都发生了较大变化，成为华夏近代型城市。19世纪末20世纪初，一批内地城市、大中城市也陆续发生了一些质变，成为华夏近代特色鲜明的沿海城市、内地城市等。据《清史稿》记载，清以来的府级城市有309个，州级城市有205个，县级城市有1353个。

（二）近代华夏城市化的特征

明、清时期具有府、直隶州级别的城市，西线明显多于东线，说明西线城市的军事行政职能色彩浓厚，城市形态多为规整的方形城墙，垂直正交的街巷，以南北向主干大街为中枢，配置各种组织，使近代华夏城市出现了新特征。

1. 城市的功能地域分化不受城墙的束缚

近代城市内的功能地域分化，要从城市内部各历史时期形成的地域结构的比较来观察。以长江下游九江、芜湖、镇江几座城市为例。19世纪以前的沿江城市，明、清旧城以军事控守和行政中心职能为主，水陆转运集散和商业功能为辅。城址总是选在靠近支流入江口，凭借靠岸一侧的夹江，以利于吃水较浅、承载较小的木帆船停泊避风。官署衙门占据城内较高的地势，拥有较大的建筑面积。官绅住宅和社区建筑以其为中心，随地势坡降，呈向心环带状分布。行政中枢和官绅区组成的旧城是前期城市的中心地带，濒河码头区、商业街市在旧城外形成另一个职能区，从建筑体量上分析其作为城市地域的功能，虽然还无法同政治中心地相抗，但是已突破原有城墙的束缚，城市的功能有了缓慢发展的趋势。

2. 商业化促进了中国近代的城市化

近代中国的城市化应当看成是一个经历了两次商业化浪潮、两次外力冲击和两次城市转型的完整过程，是中国独立的城市化与世界城市化接轨而形成的复杂局面。

两次商业化浪潮是指：明清时期随着长途贩运而兴起的国内商业化浪潮和晚清开始因中外商品交流而起的第二次商业化浪潮。这两次商业化浪潮是连成一体的。第一次商业化浪潮已经在商路开辟、航运发展、商业网的发育、商业资本积累、商业城市的发展等方面为第二次商业化浪潮作了基础性的准备。中国近代的城市化不是因工业化而起，而是与商业化为伴，这与西方以工业化为主导的原生型城市化不同，所以研究中国近代城市类型不能以西方为模式，更不能以西方为中心来确定时段的划分，而应从中国自身城市历史发展的特点来确定类型的划分。

所谓两次外力冲击是指：明后期到清前期边疆从事畜牧业的民族强烈要求与中原经营农业的民族进行经济交流所带来的冲击，这是第一次冲击，由于这是较为落后的经济对较为先进的经济进行的挑战又正好处在明清中原商业化浪潮兴起之时，所以两种力量的碰撞只在边疆地带形成一个商贸城市群，这一类城市不可能使中国城市的性质发生变化。第二次外来冲击是指鸦片战争后西方工业文明对中国农业文明的冲击，这一次中国处于劣势，开始趋于西化，但两次外力冲击都是以中国内部的城市化动力为依据，在这一点上两者是一致的。

两次城市转型是指：从传统行政中心到传统工商业城市类型的转换，从传统工商业城市到近代新型工商业城市的转换。前一转换还没有结束，后一转换又紧接着开始，但直到1949年后这一转换也没有完成。从城市类型看，两者在时间上重叠，在空间上并存。两次转型都未完成向新型工商业城市的转型是中国近代城市发展落后的重要原因。

（三）近代华夏城市化的途径和类型

1. 开埠通商与城市近代化

近代以来华夏城市文明因开埠通商城市的出现，而呈现出近现代文明的特色。近代的开埠通商又分为与外国定约开埠的“约开商埠”和中国政府自愿开设通商口岸的“自开商埠”，两者相比，“约开商埠”对中国城市的影响更大。从1842年到1922年，中国先后签约而开放的商埠共计有79个，地区分布以沿海（19个）、沿江（13个）和东北（23个）三个地区为主，西南（9个）、西藏（3个）、西北（12个）次之。东北地区的“约开商埠”总数虽然最多，但大多是一些非建制的比较小的城镇，西南、西藏、西北地区的“约开商埠”也有类似的情况。这类城镇因交通运输不便，商品经济落后，对外开放程度十分有限，只能在一定地区范围内起着经济辐射和聚集的作用。而沿海、沿江的“约开商埠”城市发展迅速影响巨大，成为中国近代化的基地和中心。

1840年清政府在鸦片战争中战败，随着一系列不平等条约的签订，外国资本势力与西式建筑侵入中国城市。一些开埠通商的城市呈现经过规划的近代化西洋式街区与中国传统的旧城老街区在形态和文化上形成的强烈反差。

鸦片战争以后西方列强出于经济和航海的考虑，强求一些港口城市实行开埠，并在这些城市建立租界区，从而使这些城市最先接触到西方的城市建设理念、西方的市政管理、西方的经济和文化，从而使这些城市最先摆脱中国传统城市发展的模式，率先迈向近代化。沿海城市如上海、天津、大连、广州、厦门等发展起来之后，其影响力不断通过与之联系的水陆交通向其腹地和内陆辐射，带动了更多的城市走向近现代化。

城市开埠以后，外国人纷纷进入这些城市。为了适应需要，出现了一批新式建筑，改变了城市的空间布局和地域结构，改变了城市景观和城市面貌，也促进了城市早期现代化的发展。首先，形成了以租界为主体的新市区，并出现了新的城市中心和商业街区；其次，新城市中心在各开埠城市的逐渐形成，改变了传统旧城以官署为重心的城市布局，成为近代城市生活的中心。

同时，随着外国商品和资本的大量输入，近代新型工业和交通运输业的兴起，在城市中形成新的工业点、工业区和交通运输枢纽。例如：上海在19世纪下半叶，在商业区和住宅区之外，向西沿着苏州河、向东沿着黄浦江，逐渐形成了沪东杨树浦、沪西曹家渡、沪南制造局路、日晖港及浦东陆家嘴工业区，而黄浦江西岸则是仓库码头的集中地，由此进一步改变了上海城市的布局和城市景观。

就整个城市而言，租界的出现、城市功能和结构的演变，不可逆转地改变着城市的空间结构。新的城市商业街区常常在老城与租界地之间孕育。例如：传统时期的天津，作为漕运枢纽的北门外南、北运河与海河的交汇点是城市经济中心。近代海运的兴起、租界轮船码头的设立导致城市经济中心发生改变，各种海运商品乃至漕粮改由老城东南的租界海河码头下卸，繁华的商业街（今和平路）与老城之间形成对比。城市空间发生了变化，老城的中心地位也动摇了。广州，租界在老西门外临江的沙面，商业街区从老城内逐渐外移至西门与租界之间。

2. 新型交通对城市化的影响

影响近现代华夏城市文明的重要因素是新型交通，交通区位对城市的选址起着至关重要的作用。城市的选址，政治、军事因素虽然很重要，但也必须要考虑为生产、生活提供物资的交通问题。古代大多数城市往往因具备良好的交通区位才逐渐发展成通都大邑，近代城市对交通区位的依赖更突出。

新型交通运输业的出现和发展，促进了新型工商业的兴起，便利了资源的开发、货物和人口的流通，从而促进了新城区的开发和新旧城市的变化。

铁路兴起后，以其强大的运输能力，影响着货物的流向和流量，随之而导致城市经济重心的变化。铁路沿线刺激新的城镇兴起，也使原有的城镇向火车站位置迅速发展。最典型的是近代东北地区的新兴城镇。甲午战争前东北地区人口稀少，城镇不多。甲午战争后，日俄势力在东北的角斗扩张，修筑铁路以掠夺矿产资源，从而导致东北城镇在铁路沿线兴起。到20世纪40年代，沈阳、长春、哈尔滨、大连发展成为大城市，连同抚顺、鞍山、本溪等，形成了一个带状城市体系。

现代交通工具出现以后，中国老城与火车站、码头之间形成了新的商埠地。利用现代交通之便，一些新开设的工厂、商店多建在商埠地，形成了一个与旧城截然不同的街区。这种现象比较普遍，与开埠和租界并没有关系。例如在沈阳，俄国、日本先后修筑南满铁路，铁路绕行沈阳老城西、北郊，铁路以西日本建造大片铁西工厂区，在沈阳火车站与老城之间设立商埠地，迄今仍然是最繁华的地带。1915年跋海铁路通车，开封老城之南与火车站之间形成了新市区，利用现代交通之便，一些新的工厂、商店多建在这里，形成了一个与开封旧城截然不同的南关新街区，使开封城的空间结构也产生了一些变化。

（四）近代华夏城市文明的特点

近代华夏城市的文明，是伴随着血与火的暴力，是在帝国主义列强入侵以及中国沦为半殖民地半封建社会的历史条件下发展的。

1840—1949年这109年间，近代华夏城市文明发展的特点，大体可以分为下列四个时期：

1. 从1840—1895年，即从鸦片战争爆发——中日《马关条约》签订（55年）

中国封建社会发展到清代乾隆（公元1736—1795年）末年以后便日趋腐败，官吏贪污成风，财政支绌，军备废弛，国势显著地下降了。相反，西方资本主义列强迅速成长，并不断向外掠夺。中国处在这样落败的情况下，便遭到列强们的强烈冲击。1840年终于爆发了鸦片战争。

帝国主义国家用武力打开了中国的大门，强迫清政府签订了一系列不平等的条约，攫取了大量的在华特权。这些条约，涉及割地、赔款、开辟通商口岸、开设租界、领事裁判权、有利于外国的关税协定和片面最惠国待遇等。其中与城市发展有直接关系的是割地、开辟通商口岸和开设租界。据统计，自《南京条约》起至1895年中日《马关条约》签订的前夕，各不平等条约规定开辟的通商口岸达43个之多。其中影响较大的通商口岸，除《南京条约》规定开辟的五口之外，还有牛庄（后改营口）、登州（后改烟台）、南京、镇江、九江、汉口、天津、潮州、琼州等。列强取得这些通商口岸贸易权后，洋货大量涌入，中国自给自足的自然经济逐步瓦解；同时在上海、天津、广州、汉口、九江、厦门等城市开始出现了租界；香港则在《南京条约》中割让给英国。这是我国近代城市发展的一个关键性转折时期。从此，在中国的大地上开始出现了殖民地、半殖民地性质的城市，开始改变中国古代城市及其体系的结构，也使一部分城市中的某些地区畸形发展起来，并对中国政治、经济和文化的发展产生了巨大影响。

这一时期，国内封建统治阶级的“洋务派”，从镇压太平天国农民起义和两次鸦片战争的失败中也吸取了教训，从1865年开始，先后在上海、南京、天津、福州、武汉等地开办了一些军事工业，一些官办的民用工厂也随之兴起，这些对中国城市的发展均产生一定的影响。

2. 从1895—1931年，即从中日《马关条约》签订——“九一八”事变爆发（36年）

这一时期，国内官办的和民办的工商业、工矿业发展也有所加快，尤其是1914—1918年第一次世界大战期间，帝国主义无暇东顾，暂时放松了对中国的侵略，使中国民族工商业有了较快的发展，中国除了商埠城市、租界城市有所发展外，还兴起了一批受帝国主义控制的殖民地性质的城市，如青岛、大连、哈尔滨；兴起了一批矿业城市，如唐山、井径、焦作、萍乡、大冶、抚顺、本溪等；兴起了一些铁路枢纽城市，如郑州、徐州、蚌埠、石家庄等；兴起了一些民族工商业城市，如苏州、无锡、常州、南通等。但这期间也是大运河沿线城市衰落的主要时期。

3. 从1931—1937年，即从“九一八”事变——“七七”卢沟桥事变（6年）

这个时期主要是日本帝国主义占领全东北，并成立了一个“满洲国”，把东北作为侵略全中国的基地。这也是东北城市集聚区形成的重要时期。

4. 从1937—1949年，即从“七七”卢沟桥事变——新中国成立（12年）

这是日本帝国主义发动全面侵华战争，是中国人民8年抗战时期，由于国民党“消极抗战、积极反共”，使华北、华东、华中、华南大部分地区相继沦陷，不得不将东部沿海大批居民和工业向大西南、大西北迁移、撤退；国民党还将首都由南京迁到重庆。由于这一暂时因素的刺激，使西部地区原先一些偏僻的城市得到迅速发展，如重庆在1937年人口不过27万，到1945年竟达100万，工厂增至1 500家，为战前的16倍；成都1939年人口为30.9万，至1945年达71万；宝鸡由七八千人增至11万人，昆明由10多万人增至40多万人；湖南衡阳也由10万人增至40万人，等等。

总之，近百年来，华夏城市文明在由古代文明向近现代文明转变的过程中，无论在城市的性质、规模、地区分布、城市物质要素和城市面貌等方面都发生了深刻的变化。但是，这一变化主要是由于帝国主义入侵而引起的，因此，这一变化就其性质来说，是殖民地、半殖民地性质的变化，而并不是帝国主义主观愿望上要帮助中国实现城市近（现）代化。

华夏城市文明由古代文明向近现代文明转变，也是文明的一种进步和发展。但是我国城市近现代文明的形成是以血与火的代价实现的，体现着华夏民族在当时的历史条件下为保护华夏民族的城市文明而作出的种种努力、种种牺牲，成为华夏城市文明演进史的一个重要篇章。

四　城市文明的不同历史向度

从华夏城市文明的历史演进可以看出，华夏城市文明与西方城市文明的发展具有不同的历史向度，若转换一下视角，把华夏与西方不同的城市文明看作中西方人民“创建文明城市”的不同篇章、不同阶段，看作中西方“创建文明城市”的古代史、近现代史，那么，我们将进一步从不同“文明城市”的历史向度的比较中，获得种种有益的启示。

（一）城市数量与类型比较

在数千年封建经济和文化的发展过程中，中国的城市在数量和种类上都超过了世界上任何一个国家。

美国学者钱德勒在《城市发展4000年》一书中例举了不同历史时期35个世界最大的城市，其中中国有5个城市先后8次位居世界第一（表3-1）。特别是到了明清之际，中国大城市的数量居于世界第一位。

表3-1　历史上的世界最大城市

城　　市	人口/万	年　　代
孟菲斯	3	公元前3100年
乌　尔	6.5	公元前2030年
巴比伦	20	公元前612年
亚历山大	30	公元前320年
长　安	40	公元前200年
罗　马	45	公元100年
康斯坦丁堡	30	公元340年
长　安	80	公元750年
巴格达	100	公元775年
开　封	44.2	公元1102年
杭　州	43.2	公元1348年
南　京	48.7	公元1358年
康斯坦丁堡	70	公元1650年
北　京	110	公元1800年

资料来源：宁越敏，张务栋，钱今昔.中国城市发展史[M].合肥：安徽科学技术出版社，1994.

与城市人口规模相适应，中国古代城市的用地规模也较大。府城的占地面积通常有数平方公里；省城的面积往往超过十平方公里；至于都城的面积则高达数十平方公里。如汉长安（内城）35平方公里，北宋东京40平方公里，元大都49平方公里，明南京43平方公里，都位居世界前列。据1957年调查，隋唐时的长安城城址东西长9 721米，南北长8 651米，周围约36公里，不算后建的大明宫，城墙范围内用地约8 300公顷多，合83平方公里多，加上大明宫的面积，共达8 700公顷，合87平方公里。唐时的长安，不仅是中国古代历史上最大的城市，而且也是古代全世界的最大城市。对比国外古代的城市，其占地规模一般都比我国的相应城市小得多。

中国古代、近代的城市类型主要是：都城、商埠中心、手工业中心城市、海外贸易城市。中国的手工业中心城市是明代以后发展起来的。如淞江、苏州、杭州为重要的纺织业中心城市，景德镇、宜兴、佛山为陶瓷业中心城市，自贡为制盐业中心城市。这类城市一般都具有发展某类手工业的独特的自然禀赋条件。如苏州、杭州一带有发达的养蚕业，景德镇地域上有质量上乘的瓷土，自贡有天然的盐井，等等。自唐宋起，中国出现了一批以海外贸易为重要经济基础的城市，这些城市主要有广州、宁波、泉州、扬州等，其中扬州既是国内贸易的中心城市，也是海外贸易的中心城市。

商业的繁荣促进了城市发展。北宋年间开封的繁华是有史料记载的。著名的《东京梦华录》对城市的道路是这样描绘的："坊巷御街，自宣德门一直南去，约阔二百余步，两边乃御廊，旧许市人买卖其间，自政和间官司禁止，各安立黑漆杈子，路心乃朱漆杈子两行，中心御道，不得人马行往……宣和间尽植莲荷，近岸植桃李梨杏，杂花相间，春夏之间，望之如绣。"御路宽达200余步，虽不可信，但可以想象当时开封城市道路之发达。而且，一千年前的城市，已有专用的御路、人行道、水沟、绿化道，也是古代城市的一大创举和文明。[1]

[1] 董鉴泓.中国城市建设史[M].北京：中国建筑工业出版社，1989：61.

可以说，一千年前的开封，是华夏古代城市文明的一个高峰，其繁华程度也是西方人无法想象的；一千年前，也就是11世纪初的时候，整个欧洲尚处在比较荒蛮和落后的时期，与亚洲相比，在经济发展上毫无优势可言。当时的英国要等待800年以后才得以崛起，成为世界经济的中心；法国和德意志莱茵河地区采取封建的封臣领主制度，城市的发展受到限制，巴黎和纽伦堡还是一些很小的城市，在经济史的发展中无足轻重。

在西方，城市的兴起与发展也与商业、手工业和贸易密切相关，有一些手工业、商业繁荣的港口城市。如前所述，从11世纪以来，威尼斯就是当时欧洲最强大的国家，其势力范围延及克里特岛、君士坦丁堡和塞浦路斯岛。借海上贸易的便利，并经过几次十字军东征，威尼斯成了沟通东方与西方的贸易中心，构筑了一个强大的海上商业王国，曾经攻占过君士坦丁堡，占据这座东方大城3/8的面积，又把面积大于威尼斯几倍的克里特岛列为自己的殖民地。11世纪到15世纪，威尼斯的海军不仅是地中海水域最强大的，而且也是世界上屈指可数的一支强大的海上力量。更为重要的是，在威尼斯，出现了欧洲最早的资本主义萌芽，并逐渐形成了资本主义生产方式作为一种制度的安排。自18世纪中期开始至19世纪下半叶，先从英国开始，继而法国、德国、比利时、荷兰，接着是美国与加拿大，西欧和北美相继完成工业化进程，同时出现了一些工业城市，如曼彻斯特、巴黎、柏林、阿姆斯特丹、米兰，等等，工业文明促进了城市文明。而华夏近代社会由于始终处于资本主义生产方式萌芽状态，因而没有出现工业城市，这是华夏城市文明史上的一大缺憾。

当然，华夏古代的商业城市，如北宋时期东京开封的商业规模和市场发达程度恐怕要六百多年以后才能在巴黎看到，要远甚于当时的威尼斯。但是，一千多年前的开封却有一个方面无法与威尼斯相比，即商品的跨地区流通和贸易。威尼斯在沟通贸易方面的职能要超过当时的开封。开封的商业繁荣主要是为开封城服务的，主要是为本地的市民以及来往的商人服务的，开封是一座消费型的商业城市。威尼斯也是商业城市，但威尼斯的商业城市是贸易型的，它依赖的是不断发展的地域贸易和国际贸易。只要贸易的需求存在，这座城市仍然能够发挥沟通贸易的作用和职能，城市就会不断发展下去，即使出现一些突发的事件，也只是影响一时而已。由威尼斯引发的12世纪地中海的商业资本主义，其气势和速度上完全可以和19世纪的工业资本主义相比。

（二）城市建筑文化比较

进一步将视野投向20世纪西方的城市建筑，也许是迄今以来西方城市建筑史上最辉煌的一个世纪，也是最令人茫然的世纪。在历史上从来没有哪一个世纪会在西方城市的土地上留下如此多、如此怪、如此大的建筑。因此，对西方城市的建筑，必须把它放到西方城市建筑文化与社会历史发展中去认识。西方建筑文化的不同特点，分别体现于以下三个时期：

工业革命在给西方的传统城市造成巨大冲击的同时，也促进了西方现代建筑文化的形成与发展。如工业化导致大量人口从乡村移居城市，使城市人口密度迅速增加，造成城市居住环境的普遍恶化；工业化的需求改变了城市的传统功能，打破了城市的传统格局，形成了以交通枢纽（火车站、码头等）、工厂区域、工人居住区域等为中心的新的城市布局。由于工业化初期缺乏政府对城市规划和土地规划的统一管理，在相当程度上造成了城市开发的混乱状况。工业的发展刺激了金融业的发展，大城市随之出现了金融中心区和金融建筑。交通日益繁忙，逐渐出现了城市交通阻塞，城市污染，城市废物、废水等城市病。工业革命给西方城市所造成的诸如此类的冲击，无疑需要人们以一种全新的理念和行动来回应。在工业化、城市化和思想观念大变革以及新技术、新材料不断出现的社会背景下，现代西方城市建筑和城市规划运动逐渐在20世纪初期形成了。这个运动具有鲜明的民主色彩，其大方向是试图通过采用简单的建筑设计形式达到建筑物低造价、低成本的目的，从而使它能够为整个社会服务。

随着西方现代主义城市建筑运动的兴起，有不少先驱者期望通过改变城市的建筑设计，最终为市民大众提供价廉物美的住宅空间，解决因城市环境恶化而造成的种种城市病。他们利用钢筋混凝土、平板玻璃、钢材等新的建筑材料，采用丢弃任何外加装饰的新的建筑形式，打破了几千年以来建筑为权贵服务的原则，打破了几千年以来建筑完全依附于木材、石料、砖瓦的旧传统。作为对古典风格晚期的反叛和革新，现代主义城市建筑和设计的出现代表了一种全新的理念、全新的价值取向以及全新的美学标准。同时，现代主义城市建筑运动在材料方面的拓展，钢筋混凝土和钢等的应用，使建造大跨度、大高度的城市建筑成为可能。采用框架结构及其他复合结构，使墙体不再担当承重功能或只起围护作用。这使人们对“墙”的概念有了重新认识，也使室内采光效果第一次取得了突破性的改进。这场现代主义的建筑文化革命，不仅仅局限于建筑领域，还影响到了城市规划设计、环境设计、家具设计、工业产品设计、平面设计和传播设计等诸多领域。

在西方，越来越多的人居住在城市，但城市不仅没有能够提供温馨的、充满人情味的、自然的生活场所，反而造成了人和人、人和自然的隔膜。汽车替代了步行，电讯交往替代了面对面的交往。邻里关系疏远，人际关系松懈，城市丧失了它的传统功能，人成了人造都市环境中的一个物理因素。因此，后现代主义城市规划理论坚持文脉主义，反对按照功能划分区域以及割断文脉和文化多元性，以城市结构的矛盾统一组合——如简单/复杂、私人/公共、创新/传统等，来规划城市，突出城市和建筑的本来意义。

中国和西方传统城市建筑的差异，则是十分明显的。对于这种差异，李泽厚在《美的历程》一书中曾有十分精到的分析。他认为在西方传统城市中主要建筑多半是供养神的庙堂，如希腊神殿、伊斯兰建筑、哥特式教堂，等等。中国传统城市主要却是宫殿建筑，即供世上活着的君主们所居住的场所。大概从新石器时代的所谓“大房子”开始，中国的祭拜神灵即在与现实生活紧密联系的世间居住的中心，而不在脱离世俗生活的特别场所。而自儒家替代宗教之后，在观念、情感和仪式中，更进一步发展贯彻了这种神人同在的倾向。“于是，不是孤立的、摆脱世俗生活、象征超越人间的出世的宗教建筑，而是入世的、与世间生活环境联在一起的宫殿宗庙建筑，成了中国建筑的代表。从而，不是高耸入云、指向神秘的上苍观念，而是平面铺开、引向现实的人间联想；不是可以使人产生某种恐惧感的异常空旷的内部空间，而是平易的、非常接近日常生活的内部空间组合；不是阴冷的石头，而是暖和的木质……不是去获得某种神秘、紧张的灵感、悔悟或激情，而是提供某种明确、实用的观念情调……它不重在强烈的刺激或认识，而重在生活情调的感染熏陶……不是像哥特式教堂那样，人们突然一下被扔进一个巨大幽闭的空间中感到渺小恐惧而祈求上帝的保护。相反，中国建筑的平面纵深空间使人慢慢游历在一个复杂多样楼台亭阁的不断进程中，感受到生活的安适和对环境的主宰……实用的、入世的、理智的、历史的因素在这里占着明显的优势。”[1]然而，中国和西方传统城市建筑的差异，并不能证明两者之间的优劣。这是因为，按照西方后现代主义建筑文化理论家佛朗普顿的说法，中国和西方的传统城市建筑都是依地点、依具体的地理情况和人文环境发展起来的“地方风格”，因而都具有“功能和结构上的

[1]　李泽厚.美的历程[M].北京：文物出版社，1981：63.

合理性”。

从1840年鸦片战争至新中国成立的这一段历史时期，中国的城市建筑典型地反映了中国社会内忧外患，以及中西、古今城市文化的冲突、交融的特征。据王振复的总结，这种特征主要表现在以下几方面：[1]

其一，从城市总体规划角度看，一些中国城市是西方某国独占的割让地，殖民化程度颇高，当初进行城市建设时，可能有一些具体设想，但在文化观念与城市功能问题上，都不是目光远大与细加推敲的。如上海与天津等，是数个殖民国家瓜分共占的租界，还有华界并存，更不可能进行总体规划。因而，这些新型城市的平面一改中国传统的“棋盘格”，其建筑的分布，拥挤处寸土必争，疏放处荒芜漫漫，城市道路往往依原有地形发展，曲折甚或纠缠，呈现“无政府状态”，导致城市风貌千奇百怪，缺乏统一、均衡的美。而在一些西方人独占的城市区域里，其景观又显得单调，如哈尔滨的俄罗斯式、长春的日本式与青岛的德国式等。

其二，虽然这些深受西方文化濡染的中国城市总体布局往往都不很合理，但却滋生了一些新的平面“语汇”。中国城市的典型平面布局是讲究“规矩方圆”，通常的做法是中轴对称，最严谨的城市平面布局是所谓的“棋盘格”。而这种城市平面布局规制与模式由于西风东渐而遭到了毁灭性打击，即变有序为无序，无序是对有序的历史性惩罚。

其三，从建筑技术与结构看，中国传统建筑的基本模式是土木结构，数千年一脉相承。西风东渐，迫使城市建筑的技术与结构发生革命。当洋务运动初起时，一些工业生产类建筑以土木为材，土木结构，一般规模也不大，占地仅在300—400亩之间，有的甚至仅为数十

[1] 王振复.中国建筑的文化历程[M].上海：上海人民出版社，2000：283-288.

亩。但在由外资所兴办的工厂与洋行等建筑中，已引进西式砖木混合结构。自19世纪60年代开始，钢结构已被应用于中国的城市建筑。据记载，中国近现代第一座铁（钢）结构建筑，是1863年建于上海的自来火炭化炉房，这是由英国人开办的一家工厂。

其四，近现代中国城市建筑文化，无疑受到了西方建筑文化的巨大影响，但依然不同程度地保存着中国传统建筑文化的烙印。当时北京并未处于接纳西方文化的前哨，但也或多或少地受到了西风的冲击。北京近代旧式商业类建筑，自是传统的一路，却以“洋式”装修门面。如商店里出售的已是“洋货”，而商店的建筑却是属于中国传统的。为了协调“中”“洋”之间的不同风格，北京人便扩展了商店的主入口，采用玻璃这种明亮、光滑的新材料装潢橱窗，以此突出商业类建筑的现代情调以及炫耀性与招徕性。或者“用砖砌成圆券、椭圆券或平券，券旁做柱墩，墩上作几排横线脚，顶上立狮子、花篮等装饰。这是文艺复兴壁柱处理的变体”。[1]

（三）城市文明形象比较

形象（Image）是一个主体自身及外界对这个主体的基本认识和评价，它具有外在性、理念性和公众性。城市文明形象就是一个城市的内外公众对这个城市形态文明的总体的、抽象的理性概括和评价，也是城市与公众之间、城市与城市之间传递信息和思想的外在形式。城市文明形象代表了一个城市的基本属性：历史沿革、自然风貌、文化遗产、精神传承、都市文明、经济基础、市民素质、城市风尚，等等，也涉及城市的发展规模、发展水平、发展模式、生活质量等。通常情况下，城市文明形象还体现一个城市所独具的特征和气质。

城市文明形象主要由城市自然景观与文明环境、城市文明发展

[1] 尤翔.近代中国西方古典建筑的细部分析[J].南京工业大学学报（自科版），2002，24（5）：95.

形象、城市建筑形象、城市文明生态形象、城市文明行为形象（市民与政府）等要素构成。从城市景观来看，现代中西方城市景观都强调规划的完整性，规划以中轴线为中心展开，重视绿色空地等，其差异主要表现在以下几个方面：

一是西方位于城市（或社区）中心的建筑大多是教堂，而中国位于城市中心的大多是政府机关（历史上是封建衙门）。西方国家的居民大多信仰宗教，教堂是他们每周必去的场所，是生活的一部分。尤其是美国信教人口达95%，全国有60万神职人员从事宗教活动。首都华盛顿有各类教堂数十座。北京的城市中心是天安门广场，上海的城市中心是人民广场，这两个广场附近都是政府机构，是权力的中心。中国也有一些宗教活动的场所，大多分布在名山大川，不食人间烟火的地方。有些宗教场所（如清真寺、天主教堂、基督教堂、佛教建筑等）坐落在城市，也只是在城市很不起眼的地方，当然它们也成为中国信教群众的活动中心。

二是西方城市建筑大多是开放性的，而中国城市建筑大多表现出了某种封闭性。西方城市大多没有中国式的城墙，虽然在中世纪时也有许多城堡，但是城市主要是工商业活动的场所，不是军事堡垒和政治中心。大部分家庭都喜爱低矮的栅栏式的“围墙”，将自己满园的春色宣泄出去供人欣赏；更没有将城市公园用围墙包围起来，将满园春色关闭起来。而中国的城市自古以来就是政治中心和军事中心（俗称兵家必争之地），建城墙可以防止兵荒马乱，维护政权稳定。封建政府甚至还建立长城以保卫国家，这是一种变相的城墙。中国传统家庭喜爱居住四合院，喜爱将自己的空间包围起来（俗话说家丑不可外扬、红杏不可出墙、春光不可外泄、肥水不流外人田、各人自扫门前雪等），封闭的环境造就了封闭的心理。

三是西方城市中各色人种都有，成为世界人种和文化的博物馆。而中国由于长期的封闭性，在改革开放前，城市中人种的复杂性不如西方，满街是清一色的黄皮肤、黑眼睛（北京等少数城市例外）。随着全球化和中国特色社会主义新时代的到来，华夏城市的生态建筑景观、生态文明，正在成为当代华夏城市文明的重要追求。

（四）城市文明生活方式比较

中国与欧洲城市生活方式经过漫长的独立发展，近现代又发生了交流，作为两种类型的体现城市文明的生活方式，既有相同点，也有明显的相异之处。

首先，无论是古希腊城邦还是华夏先秦时代的城市，都是行政和军事中心。希腊城邦的产生出于防御的目的，联合血缘较近的部族，筑城自卫。实力强大的城邦联合较弱的邻近城邦，成为一方的霸主。中国春秋战国时期，城市或者是诸侯国国都，或者是地方的行政中心、军事中心，如楚国的郢、齐国的临淄、赵国的邯郸、秦国的咸阳，等等。城市生活富有政治的、军事的色彩。政治上的统治者居住于城市的中心。古希腊政治首脑居住在市中心附近宽阔的林荫道两侧，不同职业者按尊卑等级安排在不同的城市区位上，商人和工匠聚居在他们工作的被称为“市”的地方，城墙之外居住着下等人。中国春秋战国时代的城市，特别是诸侯国的国都，统治者居住的宫殿都位于城市的中心，其他则按照职业分工和城市区位功能分为手工业作坊区、一般居民居住区、商业区和旅馆区，等等。

第二，与匮乏的经济相适应，城市生活价值观具有一定的禁欲主义色彩。古罗马城市生活方式本来就有奢华的一面，由于日耳曼人的入侵，罗马城市玉石俱焚。尽管自9世纪城市生活开始复兴，但由于中世纪的主导价值观念被包含禁欲主义的希伯来文化所取代，因此欧洲中世纪城市生活方式具有了较强的禁欲主义色彩。中国封建社会中期之后，也出现了“存天理，灭人欲”的带有一定程度禁欲主义的生活价值观，在一定程度上压抑了旺盛的生活需求。但是，当时中国城市在生活条件、生活质量上要优于欧洲城市，这是由于当时中国的经济、科技、文化处于领先的地位。中世纪后期，落后、黑暗的欧洲城市生活又开始复兴，形成了自己独特的贸易、市民和市政府。由于在这种城市里实行城市居民的自治，市民积极参与公共事务和自由结社，对公共生活领域的关心，发育出了市民社会，从而形成了城市民主政治的生活方式。从这一点看，中世纪晚期所形成的城市虽小，但具有新的形态，为形成近代城市文明生活方式提供了可能。

第三，中国由于高度发达的封建文明，严重抑制了资本主义与现代化的发展，城市人口增长率低于总人口增长率。公元8世纪的唐朝，城市人口占总人口的10%，到1840年中国城市人口比重反降到5%左右。[1]鸦片战争后，中国被迫对外开放，走上了依附现代化道路，城市与城市生活方式呈现典型的二元结构的格局，即表现为富有近现代色彩的欧洲文化登陆沿海一带的口岸城市与基本停滞于传统生活的广大农村的二元结构。"就城镇本身而言，不仅古风淳淳的内地传统型城镇和凉风习习的口岸城市形成二元结构；而且，同一口岸城市，也往往形成新老城区、华人社区与洋人租界对比鲜明的二元结构。"[2]

近代欧洲，由于工业革命与工业化的推动，城市化迅速发展。而这些国家的侵略与扩张，又为其本国的城市化加速发展提供了新的动力。城市生活方式出现一些鲜明的特点：高收入、高消费导致的生活条件优裕，分期付款的超前消费，形成享乐主义的生活方式；中间阶级主要是技术与专业知识分子成为城市生活方式的主体，体现出平民化的色彩，在反战、倡导和平和绿色环保行动中成为重要角

[1] 胡焕庸，张善余.中国人口地理[M].上海：华东师范大学出版社，1984：248-255.
[2] 张琢.九死一生：中国现代化的坎坷历程与中长期预测[M].北京：中国社会科学出版社，1992：138.

色。欧洲城市闲暇时间与工作时间发生历史性倒转，闲暇时间大大超过了工作时间，因此欧洲城市生活方式中闲暇生活与闲暇消费成为其重要特色。

五 华夏城市文明的历史价值

从上述华夏城市文明与西方城市文明的比较，可发现华夏与西方城市文明演进的不同的历史逻辑、不同的价值取向、不同的文明风格。

（一）华夏与西方城市形成与发展的历史轨迹，展示的不仅仅是中西方城市发展的不同特点、不同发展的内在规律，而且反映了华夏与西方的城市在原始文明、农业文明、工业文明等不同时期所拥有的文明，达到的不同文明的水平；华夏与西方城市文明的发展是一个自然历史的过程，对华夏与西方城市文明的认识必须尊重其发展的历史规律。

对华夏与西方城市发展的比较，我们之所以用“城市文明”的概念而不提“文明城市”，正是尊重华夏与西方城市文明演进规律的一种表现。因为“城市文明”与“文明城市”是两个指向不同的概念。“城市文明”指的是城市所达到的文明水平，所体现的城市文明程度——这种文明程度可以是以“物质文明”或“精神文明”为突出象征的城市文明；“文明城市”则是以文明为根本标志的城市，是以物质文明、政治文明、精神文明、生态文明协调发展为标志，整体文明水平较高的城市；以整体文明为标志的城市在古代与近现代中国是不可能出现的，就是在当代中国，明确提出“文明城市”的概念也有一个过程。在1987年10月召开的党的十三大上，把“富强、民主、文明”作为建设有中国特色社会主义的三位一体的奋斗目标，而且强调：文明主要是指社会主义精神文明；1992年10月党的十四大，强调要把精神文明建设提高到新水平，明确提出了“精神文明重在建设”的方针；1996年10月党的十四届六中全会通过的《中共中央关于加强社会主义精神文明建设若干重要问题的决议》中，明确提出了“开展创建文明城市活动”。显然，提出创建文明城市活动是当代中国城市文明演进的必然要求，是促进当代中国城市物质文明、政治文明、精神文明协调发展、建设社会主义和谐社会的客观需要，是当代中国（华夏）城市公民对理想人居环境、理想城市的追求。

（二）华夏与西方城市文明的特色，集中体现于城市建筑风格上。应当说，中西方各具特色的城市建筑都是依不同的地理环境和人文环境发展起来的，具有不同民族的风格。遗憾的是随着西方建筑文化的东渐，如果说在近现代还以中国传统建筑文化为本，那么到了改革开放后90年代中国的城市建设，千城一面的景象成为我们的视觉困惑；在各大城市大搞“与国际接轨”的过程中，各种不中不西、不伦不类的罗马风格的建筑、哥特式和巴洛克风格的建筑在中国大城市中崛起；城市的个性、特色和风格正在缺失。缺乏个性和特色的城市能成为当代华夏的文明城市吗？西方后现代主义关于城市建设的“文脉”精神，应成为推进文明城市建设的重要警示：城市决策者在开展城市规划与建设之前，应了解城市的文化与历史，应尊重城市文化，尊重城市的风格和城市的人文精神。

（三）不同的历史时期城市文明的水平是不一样的，华夏与西方的城市文明虽有不同的历史发展轨迹，但是，城市文明的发端均以商业文明为标志（春秋战国时期的商业城市如陶（今山东定陶）、中世纪的威尼斯），推进城市商业文明的主要因素是城市手工业、交通运输业和科学技术的发展；伴随着商业文明而发展起来的城市文化艺术，则是华夏与西方文化艺术家为人类城市文明而创造的灿烂绚丽的精神文明；城市的精神文明使城市脱俗于一般的商业文明、手工业文明、工业文明，它使城市文明与人的（自身）文明合二而一，使城市文明回归人本身，城市的思想精神、文化艺术印证着人的创造，体现着人对推进城市文明的智慧与力量。

（四）华夏与西方不同时期的城市文明成果，凸现的是人的知识、能力、智慧和创造，是人的进化和文明在城市文明上的反映；人一旦意识到人的文明对城市文明的巨大力量，那么，合乎逻辑的推论便是要重视“文明城市”的建设；如果说“城市文明”的概念强调和展示的是“城市文明”演进的自然逻辑（其中蕴含着人在不同时期对城市文明的贡献），那么“文明城市”概念突出的则是人对城市文明的自觉意识、自觉活动、自觉创造。党的十四届六中全会以来开展的“全国文明城市”创建，既是对人类城市文明发展经验的科学总结，又是对当代中国“城市文明”的推进已进入到一种自觉意识、自觉参与、自觉创造水平的判断，尤其是进入中国特色社会主义新时代之后，全国文明城市（城区）的创建又进入了新一轮高潮，文明城市（城区）创建成为践行核心价值观，不断提升城市社会文明程度与市民文明素质，促进中国特色社会主义现代化建设的步伐。

第四章
华夏城市文明的精髓

华夏城市的文明史，给华夏民族留下了丰富的历史文化遗产。本章进一步从华夏城市精神文化的高度分析研究新时代中国文明城市创建的精神实质。

一　以精神文化为精髓的华夏城市文明

精神文化是城市文明的气质、风骨和灵魂，文化塑造城市，提升城市品位，增强城市的综合竞争力。对城市文化的研究，广义上可从物质文化和精神文化两个不同的维度展开。城市精神文化相对于城市物质文化而言，它是人类在推进城市文明的实践中所创造的文化观、文化思想、文化艺术、文化产品，是人类城市文明实践活动的对象化成果，是城市文明的精神象征，是城市的精神文化现象。

（一）精神文化何以成为华夏城市文明的精髓

城市的精神文化包括一个城市的知识、信仰、艺术、道德、法律、习俗以及作为一个城市成员的人所拥有的其他一切能力和习惯。在城市的精神文化中，又可以分成两部分：一部分是通过一定的物质载体如印刷媒体、电子媒体以及其他有形物质媒体得以记录、表现、保存、传递的文化；另一部分则以思想观念、心理状态等形式存在于城市市民的大脑中，表现于市民的日常行为习惯之中。市民的生活习俗、理想信念、价值取向和追求，不仅是该城市市民文明素养的反映，而且反映了一个城市的精神风貌，折射着一个民族的精神、国家的意识，自然也就成为一个城市文明的精髓。

城市作为一种历史文化现象，可以说城市的精神文化是历史的又是现实的，是传统的又是现代的，因而对城市精神文化的研究应先从城市的产生与发展的历史逻辑中，从历史与现实、传统与现代的互动中，发现城市精神文化的一般与个别的特质。

（二）华夏城市精神文化的特色

1. 城市功能与城市精神文化

从城市功能的历史变迁中，我们可以发现城市精神文化的一般特质。如前所述，古代中西方的城市，其主要功能是军事防御。如在我国古代文献中，“城”和“市”是两个概念。“城”是指有防御性围墙的地方，能扼守交通要冲，防守军事据点和军事要塞。《管子·度地》记载：“内为之城，城外为之郭。”据《周礼·地官司徒·司市》记载：“大市，日昃而市，百族为主；朝市，朝时而市，商贾为主；夕市，夕时而市，贩夫贩妇为主。”从这句话可看出古代城市的简单功能：以军事防御为主同时兼有商品交换的功能。

我国史书亦有不少记载，表明三皇五帝或部落首领建都、筑城的主要目的是“卫君”、防御。如在《周礼》《尚书》《左传》《史记》等早期文献中，都有关于三皇五帝建都的片段记载。南宋郑樵《通志·都邑略》对其作了整理，比较系统地记载了三皇五帝之都的地点。其所录三皇之都为：“伏羲都陈；神农都鲁，或云始都陈；黄帝都有熊，又迁涿鹿。”五帝之都为：“少昊都穷桑；颛帝都高阳；帝喾都亳，亦谓之高辛；尧始封于唐，后徙晋阳，即帝位都平阳；舜始封于虞，即帝位都蒲坂。”

在外国，最早的城市出现在中东的幼发拉底河和底格里斯河流域，以及埃及的尼罗河流域。早期城市布局在河流沿岸便于灌溉和向周围征集农产品的地带，以供应帝王和贵族们的消费需求为主，集中居住有商人和手工业者，王权与神权相结合，城市内有大量的宗教建筑，是政治、军事和宗教中心。早期城市多为准军事性城堡，是一种贮存据点，用以存放自有的或战争中掠夺而来的被当作财富的粮食、美女等，并防范村民的骚乱和外敌的入侵，防御功能十分突出。城墙、要塞、碉堡、哨塔、壕堑、运河构成了城市的物质结构形态和景观特征。

与早期城市的防御功能相适应，城市的精神文化的形成与发展也深深烙有防御功能的痕迹。中国的万里长城虽是一种物质文化，但长城物质文化中的本质精神则是防御意识、自卫精神。长城最早是从两千多年前的战国时期开始修建的，当时，各诸侯国之间的兼并战争，达到非常频繁的地步，为了防止来自北方的匈奴袭击，各诸侯国在北部修建了长城。后来，各诸侯国之间也筑起了长城，进行自卫。保存到今天的有燕、赵、魏、齐各诸侯国长城的遗迹。如今在法国、德国、英国、意大利等欧洲许多国家看到的城堡遗址，当时也是为了防御。我国火药的发明也与军事目的相关，开始缘于人们长期的炼丹制药实践，当时火药主要被引入药类。只是在唐末宋初，人们将火药用在武器上（采用火药箭、制造了火炮），显示了火药前所未有的威力，才真正引起人们重视。

公元7世纪后，农业生产技术、交通手段、建筑艺术都较早期有了很大进步。城市农产品的供应渠道由掠夺变为贸易，农业成为城市增长的主要推动力量。随着商品生产的发展和贸易的频繁，“城”的防御功能逐渐淡化，“市”的商业流通功能日趋强化，城市对周围腹地的吸引和辐射功能不断增强。城市的精神文化（如科技发明、文化艺术）也与城市功能的变化相适应。我国唐宋时期，兴盛的海外贸易诱发了对航海指向仪器的需求，指南针开始应用到航海上，促进了航海技术大发展。史籍中最早记载到指南针用于航海的是在北宋。朱彧在他的《萍洲可谈》一书中记述了中国海船在海上航行的情形。他写道："舟师识地理，夜则观星，昼则观日，阴晦观指南针。"大约在公元12世纪末到13世纪初，我国的指南针由海路传入阿拉伯，然后再由阿拉伯传入欧洲。

16世纪新航路的开通和新大陆的发现，刺激了资本主义经济的发展。18世纪蒸汽机的发明，为工业生产提供了新的动力，促使生产力发生质的飞跃；机器大工业的蓬勃兴起，使城市从此有了自己的产业体系和坚实的经济基础；商品经济的日益发达，以及人口和资本的大量集中，更加快了城市的发展步伐和城市化的进程。19世纪以后，在机器大工业和商业贸易的驱动以及铁路、轮船、公路、航空等现代化运输体系支撑下，近现代城市以迅猛之势扩大，城市功能日渐拓展完善，城市开始具有了经济、政治、文化、教育、娱乐等功能，城市的精神文化也伴随着城市功能的拓展，日渐丰富多彩，以满足城市人日益增长的精神文化生活需求。

2. 城市记忆与城市精神文化之根

城市的记忆无疑是一种复杂的组成。地形地貌、森林水力、河流山脉、居住形态、建筑遗址、公共场所、文化气质、民族情调……这些是形成一个国家和民族认同性、构成城市记忆的有力物证。

无数的城市史告诉我们，城市不是历史教科书中枯燥的数字和资料，活生生存留于城市空间和时间中的生命的热度、岁月的痕迹、文化的积淀，这些是城市精神文化之根。譬如，上海城市的精神文化之根，其源头在六千年前。近半个世纪以来，按照年代顺序，马桥遗址、广富林遗址、崧泽遗址和福泉山遗址等先后被发掘，这对于城市文化血脉的寻觅和解密具有直接意义。古文化遗址的发掘，古墓葬的清理，古代陶瓷、铜铁器的发现，炊器、盛储器、食器和酒器等先民日常使用的器物的出土，古代建筑遗存的显露，极其恢宏地展示了上海古代精神文化中的社会风情、生活长卷、起居变迁和文化艺术。从距今约六千年前的马家浜文化、五千年前的崧泽文化、四千年前的良渚文化和三千七百多年前的马桥文化依序演进，上海新石器时代和夏商周时期的精神文化血脉之联结清晰可见。这是华夏城市的文明之源、精神文化之根，是绵延六千多个春秋的城市精神文化的先河和根基。

然而，现代城市化推进中盲目的建设和更新却往往割断历史的文脉。英国的许多作为工业革命发源地的城市，如谢菲尔德（Sheffield），历史建筑已所剩无几，古城风貌也荡然无存。在德国和奥地利，19世纪末许多具有历史意义的世俗建筑被拆除，很多情况下仅仅是为了满足日益增长的交通道路的需求。在中国，国家历史文化名城襄樊的千年古城墙一夜之间惨遭摧毁，曾是明代抗倭前线、清代鸦片战争的主战场、宁波商帮发祥地的定海古城都曾在“旧城改造”的名义下被夷为平地，作为北京民居灵魂的四合院几近消亡……我们的城市，正在以远离多样性、差异性和历史文化特色的方式失去记忆。战争、愚昧和无知、破坏性的建设以及修复，对城市造成的伤害是同样深重的。

今天，只有在经过了无数教训和挫折之后，人们才逐渐认识到城市作为一个复杂的组成部分，城市的各要素所具有的种种不可替代的价值和功能。它们饱含着从过去时代传递下来的文明信息，是历史记录的真实载体。文献记载无论多么动人有趣，在客观上都不可能比得上历史遗物的真切实在。承载与存留、拯救与跨越、追溯与见证，城市文明未来的脉络其实就保存在城市的记忆中。

3. 历史文化遗产与城市精神文化特质

一座城市的历史文化遗产常常是该城市在不同时代以实物或非

实物的形式积淀下来的文化精品。不同时代积淀下来的历史文化遗产常常以不同的艺术样式（如文物、典籍等）展示该城市的生活、人情、风貌，体现该城市区别其他城市的精神文化特质。如开封历史上是著名的宋朝都城东京（又称汴梁），其文物古迹所呈现的主要是宋朝城市文明的精髓。开封的铁色琉璃塔、繁塔都是宋代的文物遗产，大相国寺虽是明清时代的建筑，但使人联想到的，仍然是脍炙人口的宋代轶事。河南安阳城内外留有各个时代的文物古迹，而最重要的，则是我国有史以来最早的都城遗址——殷墟遗址。因此，殷墟王宫遗址、墓葬及与此相关的文物陈列，是展现安阳古都精神文化生活的最主要的历史文化遗产。

北京两千多年的建城史，积淀了它雄厚而又独具魅力的传统文化。它的精神气质和文化品格展示了华夏都城文明审美因素、独特风格、气派和魅力。作为辽、金、元、明、清五朝古都，北京拥有按照传统的“天人之学”设计而成的结构对称、方正典重的宫殿街衢，以及四合院式的规整严实的平民建筑，它的生活节奏给人一种中古社会的从容迂缓，展示出一种东方情调的人生境界。整座城市弥漫着华夏文明深厚的文化底蕴和浑融的古典气息。

北京文化博大精深，包罗万象，富含饮食文化、建筑文化、园林文化、娱乐文化、戏剧文化、庙会文化，等等。按照地域来划分，北京文化大致可分为宣南文化、皇城文化、运河文化、天坛文化、胡同文化、宅门文化、大院文化，等等。从来源上讲，北京文化大致包含以下几个方面：首先是乡土味，即北京城独特的地域色彩和文化习俗；其次是传统味，即古都文化的积淀和老北京人的人格、心态；最后是市井味，即北京普通市民的生活状态、品格气质。从历史形成的角度看，北京文化就其载体而言包含以下三个方面，即王官文化、士大夫文化和市民文化。

北京文化突出的特点是精致娴雅、雍容大度，它追求优雅的趣味和闲逸的气度。古城里的老北京人乐天、幽默、大方、自尊、悠然自得。他们提笼遛鸟、喝茶、聊天、斗蟋蟀，其生活方式与休闲功夫，生动地诠释了这个五朝古都所孕育出的一整套文化观念与文化理想。北京文化的这一特色与贵族文化的民间化不无关系。清政府对旗人的优养政策极大地造成了整个社会的享乐气氛和浓厚的消费风气，清王朝的覆灭又使宫廷艺术、贵族文化大量流入民间。北京文化同时又有着强烈的正统意识，包括国家意识、民族意识等，受此熏陶的北京人严肃而认真地关注华夏民族前途以及华夏文明走向，努力使传统中的积极因素薪火相传。北京人似乎人人都是政治家。这种情形将北京和其他城市区别开来，成为它独特的“气质”或“性格”之一。北京从来就是一个敢于独立思考同时也敢于发表意见的城市。唯其如此，它才会成为五四运动和新文化运动的策源地。

北京文化又具有典型的代表性，代表着华夏城市文明的精神特质。北京文化始终秉持着重义轻利的倾向，对正义、公平、真理等抽象原则格外感兴趣，对礼仪文明相当重视。从根本上说，北京文化是一种依靠道德维系的、基于人情礼数的文化，它包含着人的尊严、人间的温情以及中国人特有的生活方式，代表着中国人传统的理想和希望。在这个意义上说，北京的就是中国的。

4. 历史文化遗产与制度、信仰、价值观

再进一步看，历史文化遗产，也是人类过去创造的种种制度、信仰、价值观念和行为方式等构成的表意象征；它使代与代之间、一个历史阶段与另一个历史阶段之间保持了某种连续性和同一性，构成了一个社会自身创造与原创造的文化密码，并且给人类生存带来了秩序和意义。因此，过去和传统往往以历史文化遗产为桥梁而源源不断地涌向现在。现代都市人如果想在当下清醒地行动，有效地创造，就只有从过去、传统、历史文化遗产中，才能获得认识自身以及环境的必要知识，才能认清自己是谁，从哪里来的，现在何处，能够而且应当干什么，以及将走向何方。

历史文化遗产不仅能满足现代都市人“求真”的需求，而且也能满足现代都市人“求善”“求美”的欲望。正如古罗马历史学家塔西陀所说，“历史之最高职能在赏善惩恶，不要让任何一项嘉言懿行湮没不彰，而把千秋万世的唾骂，悬为对奸言逆行的一种惩戒。”[1]由于这个缘故，塔西陀的著作被称为“惩罚暴君的鞭子”。如果将塔西陀的观点加以引申，那么可以说，过去的、传统的东西以及历史文化遗产，都是主持人类正义的法官，它们具有赏善惩恶的功用。从希特勒的集中营遗址以及日本人的“万人坑”中，人们可以知道什么是“恶”；从岳飞庙中，人们可以知道什么叫“善”与“恶”，什么叫“忠”与“奸”；从圆明园遗址和三元里抗英遗址，人们可以知道什么叫侵略之“恶”，什么叫反侵略之“善”。从中国历朝的古都遗址中，人们可以理解“百姓是水，君主是舟，水能载舟，亦能覆舟”的道理，那你就不能像秦始皇那样对待自己的百姓。

二　城市形态与华夏城市的精神文化

城市精神文化有其内在的逻辑结构。有的学者认为，它包括观念文化、知识文化和艺术文化；有的学者认为，城市精神文化虽不同于物质文化，但它应反映城市物质文化的成果，以及城市的制度安排，两者是城市精神文化的另一种表述。本书不想拘泥于应包含哪些方面的讨论，而是吸取其中的积极思想，着重从城市形态、城市风格、城市制度等方面，进一步揭示作为华夏城市文明精髓的城市精神文化特质。

[1] ［美］杰弗瑞・戈比．你生命中的休闲[M].康筝，译．昆明：云南人民出版社，2000：246–247.

（一）城市空间与城市形态

由“城”“市”到“城市”的形成和发展，从城市空间层面上来看，实质上是城市空间（由镇、小城市到大中型城市、特大型城市、超大型城市）不断扩展的过程——如上海从六千多年前的小渔村，到六百多年前开埠时小城市的形成，到今天拥有六千多平方公里（城市化地区六百多平方公里）的超大型城市，表现为地域空间的扩大。对城市空间的不同认识、理念和价值观，指导着城市规划设计者对城市空间的布局。伦敦、纽约、华盛顿、悉尼、东京与北京、上海城市形态的差异，既折射出不同城市的规划、设计师对城市历史建筑和城市形态布局的理念与价值观，又是不同城市的历史文化、国民的文化观念、文化精神的反映。这里不可能全面阐释城市空间，只着重揭示城市开敞空间的社会文化含义。

所谓开敞空间（Open Space），迄今为止还没有十分准确的定义，综合国内外有关的文献大致可以表述为：开敞空间通常是指允许公众进入，具有一定公共设施、一定规模自然生态基础或人文内涵，富有景观特色的地段或地区。当然，这还是一种非常直观的景观定义，它在于强调“Open Space”最重要的空间特征：具有人文或自然特质、一定的地域和可进入性。因此，从这个定义上我们可以引申出两点：一是从西方开敞空间的起源和发展来看，更强调与人类活动的关系（即可进入性），所谓特权阶层（如皇家）的私家住宅、花园或者深山雪原中的原始地区，自然不在其列；二是从不同的角度可以将开敞空间分为各种地域类型，比如从内在特质可分为生态型、景观型、人文型；以城市作为参照可分大城市型、郊野型，等等。不同类型的开敞空间具有不同角色、作用和相应的规划要求。

一百六十多年前，怀着建设新世界理想的美国人面对快速工业化带来的诸多城市病，尤其是城市环境的急剧恶化，在F.L. Olmsted

(1859年)的率领下首先在纽约建设了第一个现代意义的城市开敞空间"纽约中央公园",改善了城市机能的运行,开创了促进城市中人与自然相融合的新纪元。自纽约中央公园的建成及芝加哥为世博会(1893年)进行了城市改善后,欧洲各城市也相应掀起了"城市美化运动",逐步建立与完善了城市开敞空间系统。

总结欧洲国家城市开敞空间发展的历史,大概经历了下述几个阶段。1860–1900年,这一时期欧洲城市开敞空间的建设主要是环境整治和城市美化运动的推动。1900年至二战前,自然保护运动推进了这一时期开敞空间的发展。早在1862年美国自然主义者G.P. Perksn等人在《人与自然》一书中就提出自然环境的重要性。经过19世纪末、20世纪初P.盖迪斯等人的推动,生态环境的重要性被逐步认识并反映到开敞空间的建设中。二战后至1980年,多种因素(如环境运动、种族与阶层冲突、后现代文化变异等)共同推进了这一时期城市开敞空间的发展。但战后重建和对历史文化遗迹的保护是一股重要的力量。这一时期欧洲城市里大量的开敞空间,是围绕一些历史性遗迹、街区、广场来展开的。相对丰富的空间效果、积淀深厚的历史遗存、新赋予的城市生活功能(商业、文化)以及与大量的步行空间系统组合在一起,加上1950—1960年城市设计理论与实践的巨大发展,心理学、社会学、生态学、人类学、符号学等的引入,使得城市开敞空间的规划建设显得多姿多彩、璀璨夺目。

1990年代以来,欧洲城市面对经济全球化、信息网络化以及全球生态恶化和激烈的城市竞争,解决深层次社会问题已经成为城市规划的重点。个体的人性需求继续得到重视,但更多地转向对不同文化、阶层、种族、年龄等社会群落的关注。21世纪欧洲城市开敞空间的社会与文化价值被提高,它能促进社会各阶层的融合,为不同观点的表达提供场所(最著名的如英国海德公园内的Speak Corner)。所以21世纪对城市开敞空间的要求,除了传统的景观、生态考虑以外

(传统开敞空间的考虑是为了保护、提高自然资源和系统质量，或给人们的消遣活动提供场所)，更重要的是要求它能够支撑和促进新的生活方式、价值观念、民主精神、社会要素等在城市空间中的活动与融合(自然从城市规划建设的角度看，城市开敞空间有时也是被用来进行社会空间分隔的一种有效方式)，也就是注重如何使场所更具有吸引力和促进社会的和谐发展。

(二) 城市形态结构的社会文化价值

在群体认知层面，对城市形态结构的认识与评价是人们对城市的个性、地域文化、环境文化整体的认知与评价。但是，城市形态结构并非静态的，随着城市建设的推进，城市形态结构必然发生变化；在城市形态结构的变化中，体现着该城市社会文化价值取向及其精神的变化。

1. 城市形态结构变化对社会公正的影响

二战之后，美国城市地区的经济经历了深刻的结构调整与转型，传统产业在经济中的比重不断下降，并在空间上逐渐由城市的中心地区向郊区迁移。中心城市在人口和传统产业外迁的压力下，积极改造城市中心地区，建设中心商业区(CBD)，改善城市形象，营造良好的投资环境，以期在服务业领域维持和增强对于郊区的比较优势，保持城市中心地区的经济竞争力。为此，在联邦政府的1949年《住房法》以及之后一系列相关政策法律和援助项目的支持下，美国城市以住房建设和城市更新为重点，试图在市场机制忽略社会公正的情况下，由政府通过财政转移支付的方式提供各种形式的帮助，解决城市破败地区的经济发展问题，并兼顾城市居民的住房福利。但是在操作过程中，由于各大相关利益集团的压力，以及各级官僚机构的低效，致使低收入的城市居民并没有从城市改造中得到多少益处。相反，在城市改造的过程中，少数族裔社区邻里间的传统联系被打破，贫困家庭从一个贫民窟流落到另一个贫民窟，给这些家庭的成员在经济、社会、心理等诸多方面造成了很大压力。城市中心地区的贫困、失业、青少年辍学、犯罪、吸毒、未婚及单亲家庭的增加等经济社会问题，无不反映城市政策的失败，并遗患当代。联邦政府最终于20世纪70年代之后放弃了城市更新计划和积极的公共住房政策，但其对社会所带来的消极影响，所导致的中心城市的衰落，所反映的市场机制的缺陷以及地方政府的结构性问题，足以给城市化进程中的其他国家提供警示和借鉴。

2. 城市形态结构与城市社会秩序的重建

城市是社会政治秩序的载体，城市的形式也就不可避免地带有社会政治色彩，无论是在西方资本主义国家还是社会主义国家都如此。因此，一个世纪以来城市设计领域涌现出的一些重要的城市设计构想，都往往不仅是技术层面的构思，而是建立在社会理想的基础上，试图寻找一种人类社会的理想城市蓝图，是社会变革理想在物质环境上的表达。这样的城市设计往往与社会改革相关，它们更多关注大规模的城市形态，与传统的城市规划具有相当密切的关系；它们往往立足于大的社会背景，希望通过技术的手段促进社会的全面发展，或者为城市解决某些深层的社会问题。

19世纪末，严重的城市问题曾引起全社会的关注。英国城市学家霍华德受到小说家贝拉米（E.Bellamg）在小说《回廊》（*Looking Backward*）中描绘的美好未来的触动，他于1898年出版了《明日——一条通向真正改革的和平道路》（*Tomorrow: A Peaceful Path to Real Reform*），定位于建立一种新的秩序——“公平、统一而且友善的秩序”。由于霍华德的思想本质上是社会改革，以社会公平与民主为核心，与政治经济体制密切相关，这触及了资本主义私有制的问题，因而不能融入当时的社会。在1902年发行第二版时，他做了缓和的处理，将书名改为《明日的田园城市》，淡化社会改革的形象，而突出城市设计模式。同时，还删掉了“社会城市”“地主地租的消亡”和“行政管理”三张较为激进的图示。霍华德思想的实质是一整套社会改革方案，包括社会、经济地理和城市建设三个基本方面的概念。

田园城市理论产生了深远的意义。它首先把理想的城市模式变成可以操作的现实，在解决工业化带来的城市问题迈出了第一步，为以后的新城建设、卫星城镇、有机分散等理论的酝酿打下了基础，是现代城市规划与设计的宝贵财富。这一理论还直接影响了全世界无数的城市开发实践，自1904年以来，法国、德国、荷兰、意大利、比利时、波兰、捷克、斯洛伐克、西班牙、俄国和美国等先后成立田园城市协会，开展了大量实践活动。霍华德的著作在指导现代城市规划实践方面所产生的影响是其他任何一本书都望尘莫及的。

（三）城市形态与城市文化形象

城市都有其外在形象，从民居、建筑、街道到城市文化景观，都是城市的一张名片，是城市给人的第一印象。国内外的一些历史文化名城，之所以成为世界各国人民旅游、观光的首选，在于其特色鲜明、令人难忘的城市文化形象。

西班牙巴塞罗那是一座拥有颇多哥特式建筑的老城。巴塞罗那的老城非常壮观和协调，是欧洲最著名的具有中世纪风格的城市之一。街巷道路的布局呈十字棋盘格局。老城区哥特式街区的那些历史性的建筑物大多都是13–15世纪建造的。哥特广场是由大教堂和古代王宫组成，这里曾是哥伦布在1492年发现新大陆后航海归来，受到费尔南多和伊莎贝拉接见的地方。其周边为14世纪的建筑群，包括毕加索博物馆。建筑物上有许多尖塔，还有很多雕塑和彩绘，每一雕塑和彩绘都向人们讲述一个宗教故事，从中可以想见当年街区的豪华和辉煌。

在我国的城市文化形象中，且不说千年古都西安、北京，就银川、杭州、哈尔滨、武汉、长沙来说，就各具独特的城市文化风采。银川在历史上最重要的一页，是公元11–13世纪曾经作为“夏国”即我们今天称为“西夏王国”的国都。银川市作为历史文化名城就由此而来。杭州这个城市里里外外到处是水，有钱塘江的江水、大运河的河水、西湖的湖水，有山上流下来的泉水，有天上落下的雨水，还有地下冒的井水，甚至还有钱塘潮带上来的海水。水是平滑、柔顺的。丰沛的水不仅滋润了杭州的青山、树木，还塑造了它的城市性格。杭州是个柔情似水的城市。如果说武汉是一颗珍珠，长江便是那根串珠之绳，从武汉穿心而过。武汉的文化带有强烈的本乡本土的味道，和弥漫在市井中的商业气氛混杂在一起，格外给人以一种土俗的感觉。幸亏有长江，是长江使这座城市充满了一股天然的雄浑大气，这股大气，或多或少冲淡了武汉的土俗，甚至使得生长于此的武汉人说话也充满阳刚，他们豪放而直爽，说话高声武气，颇有北方人的气韵。长沙有很多的街名都是相当好听的，“一步两搭桥”“平地一声雷”“水月林”“落星田”“赐闲湖”“定王台”“南倒脱靴”……这些街名让人对流逝的岁月遐思无限。三湘之地，久远地流传着一副有关地名的趣联：“常德德山山有德，长沙沙水水无沙。”下半联指的就是白沙古井。长沙的景观也可以用四个字来概括：山、水、洲、城。“山水洲城”里的“山”，当然指的是岳麓山，它是方圆800里的南岳七十二峰之最末一峰。湖南省的一些重点大学和科研单位多汇聚于此。山上的文物真是太多了，从西汉以来，历朝历代几乎都有遗迹可寻。其中以爱晚亭、岳麓书院、麓山寺、望湘亭、唐李邕麓山寺碑、宋刻禹王碑最为有名。而近代史上的革命志士黄兴、蔡锷、陈天华、焦达峰、刘道一、禹之谟、陈作新、蒋翊武、黄爱等均安葬于此。草木青青，虫声唧唧，你只要一弯身，仿佛就可以随手握一把浸透着墨迹或血迹的历史。

显然，在上述城市各具风采的文化形态中，渗透着浓浓的人文文化和人文精神。城市人文精神是城市精神文化的灵魂，是城市精神文化的本质。城市的人文精神渗透于城市文化的“硬件”与“软件”之中。人文精神又体现在城市文化的各个层面：在城市观念文化层面——如文化精神，心理层面——如市民自我超越意识，在制度文化层面——如城市民主精神，日常生活层面——如城市风俗人情中折射的民族精神，物质层面——如城市人文理念和历史文物中的精神文化积淀，技术层面——如技术文化、技术人文精神，等等。城市文化建设的步伐虽然把一些陈规陋习、陈词滥调抛到了历史车轮的后面，经济与社会的发展也使一些城市更注重经济实力，但优秀历史文化与科学人文精神，永远是城市的灵魂。近年来，一些城市是发展了，但城市自家的文化何在呢？一些城市的文化看起来很热闹，有数不清的这个节、那个节，但这仅仅是城市生活表面的一层油彩而已，其内心是苍白的。有的城市要成为全中国、全世界异域文化展览的码头，但自家的文化在哪里呢？自家的文化精神是什么？各大城市在发展高科技促进经济发展的同时，也更应关注人的生存环境、生活质量、人文素养，不断提升城市文化品位，展示大城市、国际大都市的精神文化。

三 城市风格与华夏城市精神文化

城市风格是城市的内涵、城市的魅力，城市魅力则在于城市内在的精神气质和外在的精神风貌。城市精神气质与精神风貌的和谐、统一，是城市最具风格魅力的状态，是对城市精神文化品质的最好展示。城市风格所体现的城市精神文化，集中透过城市的建筑、城市景观和城市的人性化空间显现出来。

（一）城市建筑的人文精神内涵

城市风格的第一印象是建筑。富有风格内涵的、保留着历史文脉的建筑，是城市风格的外在表现和依托载体。当我们漫步在一座城市的大街小巷，目睹一栋栋建筑，像浏览一页页翻过的书页，就是在体验品味这座城市的风格，在和这座城市进行精神文化对话。在这种对话中，我们不仅追溯了它过去苍老的往事，也可以触摸到它未来的心跳。

可以说，城市的建筑不仅是凝固的音乐、立体的绘画、实用的雕塑，是技术与艺术的完美结合、实用性与观赏性的统一，而且还具有鲜明的民族的、地域的、时代的丰富的人文精神内涵，是形成不同文化氛围和社会情调的重要因素。北京的四合院与上海的里弄，就是不同风格的民居；纽约的摩天大楼与上海的摩天大楼，虽然都是现代化建筑，但也具有不同的文化韵味；北京的紫禁城与巴黎的凡尔赛宫，虽然都曾经是宫殿，但却具有东西方的不同气派、不同的人文历史内涵。

不仅城市中的那些有形的物质实体，鲜明地显示了城市的精神风貌，而且一个城市的布局、城市的空间结构也形象地反映了一个城市的精神文化特征。比如，广场是城市空间布局结构中最重要的要素之一。从古到今，广场向来都是城市的心脏，只有来到城市的主要广场才算真正抵达城市。在公元前8世纪古希腊出现的城市广场鲜明地打上了古希腊精神文化的烙印。广场是希腊人聚集在一起议政、交往的社会活动中心。这个开放的场所既显著地体现了古希腊民主的城市精神文化，又给古希腊民主精神的进一步拓展开辟了广阔的空间。

罗马城中最著名的广场群坐落在巴拉丁山和卡比托利山的山脚下，在古罗马帝国长期的统治过程中，广场的建筑形态和功能发生了很大的变化，从原先反映城市居民平等地位，由所有市民共同享用的城市政治、经济、文化活动中心，逐渐变成了为统治者歌功颂德的纪念场所。从公元前509年至恺撒即位前的几百年间，罗马广场在建造时，并没有严格的统一规划，人们在建造广场建筑物时，注重的是它的功能，如神庙建筑、演讲坛、商贸建筑、具有政务功能和司法功能的巴西利卡以及工场作坊等，它们在空间布局上比较零乱，建筑形式、建筑风格也各有千秋，人们在广场内可以敬奉神灵、发表演说、进行商品贸易，也可以欣赏在广场上进行的演出和角斗表演，广场建筑群具备满足罗马市居民各种需要的功能，这种广场文化反映了人人平等、平民参政议政的共和思想。

恺撒被刺身亡之后，奥古斯都成为恺撒的继承者，他在击败共和派之后，开始了独裁统治，并成为古罗马帝国的第一位皇帝。奥古斯都在恺撒广场的旁边，修建了奥古斯都广场。广场的布局和恺撒广场的差别不大，但建筑的功能更加单一，建筑群中除了神庙两侧对称设置的两座半圆形演讲台之外，其他建筑都是用来崇拜、宣传、纪念奥古斯都皇帝，商贸功能基本没有。

在奥古斯都广场的旁边，是由真正统一罗马全境的图拉真皇帝修建的、全罗马最为宏大的广场——图拉真广场。图拉真广场的设计师为叙利亚人阿波洛德鲁斯，因此，其建筑布局带有明显的东方建筑的特色。

广场在古罗马人的生活中具有十分重要的地位，正如意大利理性主义建筑运动的领头人阿尔多·罗西所说，“古罗马广场是罗马帝国的中心，是古典世界中许多城市建设和改造的参照点，是古罗马人所实践的古典建筑和城市科学的基础；它与罗马城本身的起源确实有着很不寻常的关系。”“广场是罗马的浓缩，是罗马的一部分，是罗马纪念物的总和；与此同时，它的独特性比其中的单体建筑更为显著。”[1]

中国传统社会的城市广场形态，反映的是与西方城市有明显区别的传统精神文化。中国传统城市空间在构成形态上呈现出一种

[1] [意]阿尔多·罗西.城市建筑学[M].黄士钧，译.北京：中国建筑工业出版社，2006：119.

“边界原型”，它强调边界的实体性和连续性，也就是空间的内外分割性和内向性。对边界实体性和连续性的强调在物质形态构成上表现为对“墙”的极大关注，“墙”构成了“院”、城市（城墙）乃至国家（长城）的形态。这种对平面化展开的空间的封闭性的强调和西方城市空间的“地标原型”形成了鲜明的对照，也使得西方式的广场在中国实际上无从产生。比如，清代紫禁城太和殿前的场院虽然十分宽阔，却是普通人绝难进入的，不具备广场的开放的公共性。因此，中国古代城市的广场空间形态是与等级森严的封建伦理文化相对应的，体现了封建皇权对社会空间的严密监控。显然，不同城市的建筑、广场以及布局体现着不同城市的文化韵味，并在城市的演进中日益积淀为城市历史文化的一部分。

（二）城市景观与人文品位

城市景观是城市的亮点，从整体上展示城市风格。城市的景观美包括大区域的整体景观美和某些重点建筑物的个体景观美。在人们日益重视城市景观，城市景观也越来越多的情况下，如何搞好城市景观建设？如何评价城市景观？则成了城市景观品位高低、展示城市风格——与城市风格和谐还是相悖、展示城市文化精神的关键。当然，由于人们的视角、知识结构、情趣等的差异，对城市景观的品位会有不同的认识。这里，我们提出衡量城市景观美的三大审美准则，为提升城市精神文化品质提供参照标准。

一是互补协调准则。所谓互补协调就是指不同性质、特征、风格、情调的东西以一定的形式、方法和谐组合，融汇成互相补充、协调统一的东西，避免千篇一律的毛病，从而显示别具一格的特色。以互补协调作为标准衡量城市景观，就是城市建设中的互补协调审美准则。这一准则囊括了城市景观中许多具体的内容，如实体（建筑物）与虚空（周边空地）、开敞与闭合、含蓄与暴露、收与放、曲与直、动与静、明与暗、浓与淡、主与次、轻与重等等。城市景观如何将这些对立着的东西协调组织在一个统一体中，无不显示了城市决策者、设计者、建设者的文化观念和思维方法，进而显示了城市精神文化的品位。广州西汉越王墓博物馆，就单个建筑来看，确是出类拔萃的，1999年荣获了极具国际权威的世界建筑精品奖。但是，周围数幢多层大楼将它团团围住，不剩一点空隙，停一辆车的地方都没有，迫于无奈，只好亡羊补牢，市政府已规划将周边大楼拆掉，建一个广场以起烘托效果。在这方面，发达国家的城市建设就处理得比较巧妙，芝加哥市尤其突出。该市中心濒临密歇根湖，高443米的西尔斯大厦、标准石油大厦、咨询大厦等多栋高楼大厦以及芝加哥水塔布列其间，在这片高建筑群到密歇根湖边空旷的大片土地上栽培了众多林木花草，构建了广阔的绿化空间，小道穿插其间，另外还有以标准石油大厦和咨询大厦作背景的白金汉人工大喷泉。密集的高楼、青翠的绿化空间、壮观的大喷泉和碧绿宽阔的湖面，人工的和自然的、动的和静的、黑色的西尔斯大厦和白色的标准石油大厦、有百年历史的芝加哥水塔与最现代化的高楼，互补协调，形成了既时髦又古老、既密集又空旷、既凝重又活跃、既紧张又休闲、既繁华又宁静的现代大都市画图。游人置身其中，感觉不单景观美，甚至连空气和阳光仿佛都格外美。

二是层次序列准则。所谓层次序列准则就是考察城市各部分、各方面、各层次的景观及其文化内涵，看该城市建设是否整体有序，是否有明确的主题、清晰的层次，从审美的角度衡量城市精神文化品位的高低。成功的高品位的城市建设就是要把握好规划、设计、管理等环节，使城市重要的区域、街道、中心场馆、建筑物等，除了能充分地发挥其使用功能外，还与城市的历史渊源、山水地貌、气候环境、城市建设发展的重心和走势、城市经济和社会发展的规模，等等联系起来，并巧妙地将它们凸显出来。一幢重要的建筑物其造型、位置、风格、尺寸、色彩都应该考虑到上述各种因素和联系。一片建筑群所考虑的因素就更复杂了。除了上述因素和联系外，还要考虑楼与楼之间、楼宇与广场绿地之间的照应顾盼等。衡量城市景观的层次序列，往往先考察它的中轴线。中轴线在城市建设中的地位如网之纲、衣之领，纲举才能目张，撷领才能提衣。中轴线历来是城市规划和建筑设计的重点对象，它往往是在城市发展的历史中形成的，并积淀于传统的建筑文化之中。城市会增建一些具有时代气息的建筑物，因而中轴线又是不断发展的。如何使新旧建筑物层次分明又衔接自然，布列有序又浑然一体？这都显示了城市规划者、设计者、建设者的文化理念、文化素质和城市的文化品质。

三是情景交融准则。所谓情景交融准则就是考察城市建设的区域、街道、重要场馆、活动中心等景物，能否通过其形状、态势、材料、色调、日照、灯光、林木、花卉、水榭、亭台楼阁、山石等，引起观察者的联想、顿悟、遐思，产生与上述景物的主题思想、意境共鸣的情感。从审美心理的角度看，城市建设的景物是能给人以心灵感应的，并能诱发兴奋、愉悦、激动、依恋、悲痛、敬仰等特殊的复杂的情感。一般地说，城市建设景物的形体线条、色调、不同功能的建筑物、建筑小品、空间、植物等往往都能使观察者有一定的心灵感应，也就是所谓的情感语言。如正方形有质朴、端庄的感应；自由曲线有奔放、随意的感应；绿色有自然、健康的感应；黑色有沉闷的感应；白色有纯洁的感应；别墅有富贵、高雅的感应；幼儿园有天真、活泼的感应；商场有繁荣的感应；图书馆有智慧广博的感应；小桥流水有雅致、清幽的感应，亭、廊有亲切、安逸的感应；开敞空间有舒畅、轻松的感应；封闭空间有压抑、紧张的感应；松柏有气节、高尚的感应；水莲有清洁、刚直的感应；翠竹有进取的感应，等等。城市景观建设就是要善于将这些要素组合在一起成为区域、街道、重要场馆、活动中心等景物。如果观察者踏足景物现场就产生此类情感，就可以认为符合情景交融的审美准则了。这是较高层次上的城市景观追求，它不仅在情景交融的深切内涵中展示城市风格，而且在城市人的情感、情怀、情操与城市景观的“交融”中实现了城市精神文化的价值。

（三）城市风格与人性化空间

城市风格，不仅要在现代高技术社会条件下为人们身体提供栖息场所，更要为灵魂的栖居建设一个人性化的空间。所以，在城市化过程中，任何违背人性的想法、做法，都是与城市风格追求的终极目的相违背的。遗憾的是，20世纪90年代以来，快速的城市现代化迅速改变了历史城市的空间结构。在大多数情况下，城市成为郊区的对立面。汽车化一方面使城市不断向四周无序蔓延，另一方面也冲击着传统的城市街道空间，正在摧毁历史城市的结构。汽车成为城市空间的主导，行人要战战兢兢、气喘吁吁地小跑着过马路。以人为本变成以车为本，以“汽车社会”为追求。长此以往，我们的城市还将是美好的吗？新能源汽车虽然能降低对城市的污染，但是，越来越多的汽车挤压了城市生活、交往的空间，这样的城市化、现代化真是我们的理想吗？

我国地域辽阔，地貌、气候变化丰富，人文资源、生活习俗各有不同，城市风格更应因时因地而宜。努力建设风格化、人性化的城市，应该成为体现城市精神文化的重要主题。城市风格化，不是单靠金钱可以解决的，其中充满了人文的可变因素。纳西古乐名闻遐迩的传奇人物宣科老先生曾悲哀地向世人宣称：“丽江已经死了。”在常人眼里，丽江好好的，当地的房子80%租给了外来的生意人，当地人搬到远离故土的别墅过小康日子去了。丽江古城商家店铺鳞次栉比，往来游客如过江之鲫，天天过年过节一般，何“死”之有？但城市风格中的一个重要元素，即当地人们的生活习俗已不复存在。这也正如今天绝大多数去周庄、乌镇领略江南古镇风韵的人都会失望一样。所以，城市风格在更本质的层面上，是一种与生存方式联系在一起的处于有形与无形之间的人文因素。被联合国教科文组织列为世界文化遗产的奥地利勒尔斯塔湖，尽管是旅游胜地，游客络绎不绝，但当地的居民依然纹丝不动地保持着自己与自然山水和谐相处的生活方式。同样，我们不能设想，在皖南徽居没有高大的风火墙和精雕细刻的门窗，更不能设想在那样的小城，没有袅袅的炊烟和淡淡的粥香。

我们向往和憧憬一个城市，很大程度上是为这座城市的独特风格所吸引。在巴黎拉丁区，我们时时为其高雅浪漫的拉丁气息所陶醉。在罗马的黄昏，目睹台伯河的静静流淌和即将为暮霭所吞没的古罗马废墟，我们为其载满历史苍茫感的风格而感动。在威尼斯，你处处可以呼吸到贡多拉小舟挟着亚得里亚海的腥湿海风扑面而来的热情。维也纳的一草一木都洋溢着贝多芬、莫扎特的音乐风格。在伦敦，我们可以感受到一种源于英国文化传统的绅士风格，那满街的出租汽车，虽有着现代的发动机，却保持着19世纪的老式模样。我们怎么能想象，打乱了北京中轴线城市布局，没有了故宫和四合院——这些概括了京城从庙堂到民间极具风格化的居所，北京城还会有吸引中外游人的风格魅力？

正因为城市风格是一种为人提供诗意居所的存在，在城市风格的培养发育中，也要注意城市风格应该是主导和多样统一的结构，切忌一刀切的简单化。以伦敦而言，它总体风格相对保守和绅士化，但并不排斥前卫、现代、实验。古老而不古板，恪守典雅的传统又不失现代的奔放，构成了伦敦城市风格的适度张力。它的风格构架值得我们借鉴。同时，城市风格有生长、发育的漫长过程，需要耐心地培育，来不得一点急功近利。特别是风格还包括着一些细节层面的技术处理。如在奥地利小城因斯布鲁克，商店的店招都不大，但各有特色，在阿尔卑斯雪山和蓝天的衬托下，一眼望去，不但醒目而且是一种美的享受。在澳大利亚的墨尔本，初到者很难发现宾馆的招牌；古罗马的万神殿，在神殿广场上有一家麦当劳餐馆，门前的店招仅仅是一个小小的黄色H灯。相比而言，国内一些大城市的店招，大多过于张扬，缺少美感。因此，中国特色的城市化、现代化进程，必须重视不同城市的风格，把自己建成中国乃至世界上各具风格魅力的城市。

四　城市制度与华夏城市精神文化

如果说城市形态和城市风格较直观地映照着城市的精神风貌和精神气质，那么，城市制度则在深层次上影响着城市精神风貌和精神气质的特点、品质、价值和发展趋势，在深层次上影响着城市精神文化的生产和精神文化生活。因此，对以精神文化为精髓的华夏城市文明的研究，必须进一步阐释城市制度、城市制度文化。

城市制度本身就是“人文”的、“人化”的，即城市制度离不开人，它是靠城市人设计、执行、遵守的，离开了城市人，也就无所谓城市制度。城市制度的两端：它的确立（起点），它的执行（落脚点），都离不开人。城市制度折射着城市人的内在素质，城市人的文化理念、文化素质高低决定着城市制度设计水平的高低。城市制度文化是城市制度的观念内核，是设计、执行、监督、变革城市制度的人们的理性原则、价值取向、理念追求、道德标准、利益调整等的观念体系，反映出城市制度设计的主体追求什么、捍卫什么、贬斥什么、接受什么的理性思索和道德底线，是主体化、内在化的关于城市制度的观念系统。因此，可以这样讲，有什么样的城市主体，就有什么样的城市制度，有什么样的城市精神文化就有什么样的城市制度文化。在这个意义上说，城市的制度文化是城市精神文化的产品，城市制度文化内涵于城市的精神文明化中。

不同的制度文化反映着不同的精神文化特质、不同的民族精神。体现中国精神文化本质的儒家关于“人之初，性本善”的伦理观，一直是中国制度设计中的理论基础、文化渊源。这一传统告诉人们，人人都有良知天性，人人都懂得“仁爱”，懂得“己所不欲勿施于人”，懂得自律，懂得“吾日三省吾身”，等等；只要有了这种道德，就能够做到“以己推人”，能用善良、仁爱之心，高尚、有德之为去对待他人；人人皆舜尧，人人都是正人君子，任何人都可以通过道德的修炼成为谦谦君子。道德的获得外靠舆论，内靠良心，因而身外的制度是多余的、不必的，那是为“小人”设置的，“君子国”中的人是不需要的。统治者控制住舆论，个人把持住良心就可以了。于是，社会充满了仁爱、礼仪之风。可残酷的事实是，中国城市制度设计的现实却走了一条与此不相吻合的路径。在中国的城市制度设计中，人文关怀、人文精神是很少的。中国的城市制度（城市管理制度）常常定位于管人、约束人，缺乏体现对人的真切关怀与平等的城市精神文化。也就是说，制定城市制度的文化中，平等、人道、人性的因素少，而等级的、歧视的“文化无意识”则较多。

西方社会对人性的预设是“性恶论”，认为人都是“无赖”“魔鬼”，不能依靠“圣贤道德”归顺人性、治理国家。于是，不断地制定制度、法律来限制恶的人性，限制人的恶念、恶行，以达到治理城市、治理社会的目的。怎样才可以使带有“恶”的人接受、服从制定出来的法律和制度呢？那就必须让他们承认：制度和法律代表的是“公意”，在制度、法律的设计中包含了对社会公民，自然也包含了自己在内的人的权利与利益的最大、最根本的关照，体现着对他人的不伤害，也不伤害别人的公正、平等、正义的成分。所以，城市的发展，一方面是城市法治化的程度越来越高；一方面是对城市社会公正、平等、自由的探索、落实也越来越多，看似相对立的两极是统一的。所以，城市法治必然更人道、更人性，更体现出对人的终极关怀。

西方社会从“性恶论”出发，提出了保证人与人交往的契约论。“契约”是以平等、自由、权利为前提的，而不能以强制性为前提。这是一般契约与法律的不同之处。但契约也具有法律的意味，任何一方的毁约不仅是不道德的，也可能意味着是对法律的触犯。契约意识的形成、普及确立的是制度、法律的权威，严格的守法意识与成熟的契约意识是“孪生兄弟”。契约意识与法治精神是相伴而生、相互促进、共同发展的。所以，形成对城市制度内心认可的城市制度文化，与民众广泛地形成契约意识是分不开的。

当今我国城市制度的建设，从根本上说就是通过对城市制度文化的培育，促进城市精神文化建设。没有民族文化、民族精神的积淀，没有城市精神文化的引导，没有以民众内心的价值判断、认知标准、行为选择等作为外在城市制度文化的支持，城市制度是不能长久地发挥作用的。不是吗？“非典”曾冲击城市公共卫生的体制，冲击行政管理体制，也引发了人们对生活陋习的思考。人们开始讲究公共卫生道德，开始注意个人卫生。在2003年春，SARS病毒肆虐期间，随地吐痰的少了，外出聚餐的少了，食用野生动物的少了，饭前洗手的多了，节制饮食的多了，锻炼身体的多了。但一进入当年的6月份，在“非典”疫情刚一得到控制后，这些暂时改正的陋习又死灰复燃。这告诉我们，讲究公共卫生，养成良好的卫生习惯和社会公德意识远没有成为人们自觉的行为。所以，没有文化支持的行为可能是偶发的、被迫的；有文化支撑的行为才能是长久的、奏效的。城市制度的真正作用依赖于制度文化的形成，依赖于精神文化指导下文明行为习惯的养成。

历史上的中国，不同城市的精神文化曾孕育了不同城市市民的人格、思想品德。诞生于湖南的毛泽东，少年时便有一种强烈的民族忧患意识和爱国恤民精神，这与湖湘文化的影响是分不开的。在湖湘文化传统中，民族忧患意识是湖湘千百年来决定爱国知识分子心中深沉的社会责任感和使命感的因素之一。春秋战国时期面对楚国政治腐败，秦将并楚的局面，屈原力主改革楚国弊政，以自强抗秦，却遭谗言而被流放湖南十年，后作《离骚》以吐内心之忧患："长叹息兮以掩涕，哀民生之多艰。"从此开湖湘人民族忧患意识之先河。北宋时期范仲淹，眼见国势日益衰败，不禁忧心如焚，痛心疾首，登临岳阳楼，颇有感怀，抒发了"先天下之忧而忧，后天下之乐而乐"的拳拳之忱，使湖湘民族忧患意识得到进一步升华。谭嗣同看到神州面临亡国灭种之危急形势，大声疾呼"外患深矣，海军潜矣，要害扼矣，堂奥人矣，利权夺矣……唯变法可救之"，甘愿"横刀向天笑"，血溅刑场以醒国人，表现了何等的英雄气概，何等的爱国恤民情操！英雄不寂寞，陈天华一个《猛回头》，发出《狮子吼》，敲响《警世钟》，留下万言《绝命书》，满怀忧愤，毅然蹈海，以求他人卧薪尝胆，刻苦求学，振兴邦国，恰如千年以前的屈原，以自己的生命唤醒沉睡者，激励后来者。湖湘俊杰的民族忧患意识，涌现出的爱国主义精神与社会责任感，在毛泽东的心灵深处潜移默化，他忧国家的主权与独立，忧国民思想之陈旧，忧国家政治之腐败，励精图治，激扬文字，指点江山，取得了中国革命的一个接一个胜利。这种一脉相承的爱国主义情操、民族精神，是湖湘文化不灭的圣火，光辉永存。

2005年以来，我国北京、上海、杭州、成都、青岛等几百个城市开展的城市精神文明建设，既是不同城市精神文化的提升与拓展，又是中华民族的民族文化、民族精神在城市建设和发展中的体现。无论是上海的"海纳百川、追求卓越，开明睿智、大气谦和"，还是"和谐包容、智慧诚信、务实创新"的成都城市精神，或"诚信、和谐、博大、卓越"的青岛城市精神，等等，都植根于不同城市的历史，基于现实，并紧跟时代，引领发展，都以不同的城市精神的表达提升城市精神文化品质，展现中华民族精神。

第五章

华夏城市文明的价值共识

随着全球经济社会的深度转型，种族冲突、地区冲突、新的贸易战以及恐怖主义、灾难性气候的影响，给当代中国在融入全球化、推进人类命运共同体建设中张扬华夏文明，提升华夏城市文明与市民文明素质，带来了种种挑战：如何破解层出不穷的假药、伪劣保健品以及网络欺诈，张扬诚实守信的华夏文明传统？如何通过“文明软环境”的打造、文明软实力的提升，向世界展示华夏城市文明的魅力？这需要形成打造“软环境”、提升“软实力”的共识。2005年以来，31个省区市千百万民众自觉追求的“全国文明城市”不仅成为最大的民生幸福工程，推进中国特色可持续城市化的载体，而且将推进信用联合惩戒机制工作，作为文明城市创建的重要任务，以打造“诚实守信”的软环境。

2005年以来，“全国文明城市”作为当今中国城市最高的综合性荣誉，每三年评选表彰一次，已先后评选出5批次、197个全国文明城市（城区）、391个全国提名城市（城区）。进入中国特色社会主义新时代之后，全国各地方兴未艾的对文明城市的追求，已成为人民群众的价值共识。

一 城市文明价值的共同追求

2015年2月28日，习近平总书记亲切会见第四届全国文明城市、文明村镇、文明单位先进代表并发表重要讲话，为创建全国文明城市工作指明了方向，31个省区市创建热情空前高涨，越来越多的城市（城区）追求城市文明的价值。

（一）文明让城市更富魅力、更有温度

张家港二十多年来的创建，不仅打响了“文明张家港”品牌，提升了城市知名度、美誉度，而且增强了城市软实力和硬实力。杭州通过涵养城市气质，着力打造践行核心价值观的鲜活样本，通过提升城市颜值，用工匠精神呈现人间天堂的独特韵味。厦门市始终坚持创建为民，着力提高群众的认同感、获得感、参与感，向世界展示一个有大爱、有品格、有力量的文明厦门。昆明市经过一年时间的文明创建，不仅市容市貌发生了巨大改变，“春天在城里，文明在心里”融入市民生活，而且上榜2017年中国一二线“年度最佳表现城市”。普洱不仅以“天赐普洱茶”闻名于世，而且普洱作为边疆城市，其文明创建对老挝、缅甸、越南产生影响；值得点赞的是：文明创建使礼让斑马线成为普洱市民的一种自觉行为，折射出创建文明城市给一座城市带来的温度和文明。文明创建使上海成为一座温暖之城。截至2017年10月，上海有330万名实名注册志愿者、2万3千多个志愿服务组织，近10万个志愿服务项目分布在这座城市的各个角落，奉献、友爱、互助、进步的志愿精神已经融入上海的点点滴滴，志愿服务已经成为广大市民的基本生活方式。

（二）以崇德向善、文化厚重、和谐宜居为价值共识的文明城市创建

建设崇德向善的城市。一是以培育与践行核心价值观为根本任

务，但是“核心价值观的养成绝非一日之功”。习近平总书记在不同场合面向党内外不同社会群体提出了分类指导要求。二是培育城市之德。不仅要增强市民文明意识，而且要规范市民文明行为，将市民的诚信意识与诚信行为培育，作为当今市民文明行为之本，在便民服务中倡导诚信，检验诚信，引导市民感知诚信、领悟诚信。同时建立完善守信激励机制和失信惩戒机制，在全社会营造守信光荣、失信可耻的良好风气。

建设文化厚重的城市。关键是要用人文精神增添城市魅力，用文化生活打造城市气质。建设现代化国际大都市不能造成人文精神的“缺场”，因为现代化国际大都市本质上都是人文都市。如果说国际大都市经济增长通过科技创新、制度创新还可能实现跨越式发展的话，那么现代化国际大都市的人文特色则是不可“缺失”或“跨越”的。2017年上海党代会报告鲜明地提出了“人文之城”的建设目标，“建筑是可以阅读的，街区是适合漫步的，公园是最宜休憩的，市民是尊法诚信文明的，城市始终是有温度的”。诗一般的语言第一次出现在党代会报告这样的重要文件之中，让广大市民心生向往、争相传播，这是上海这座国际大都市的人文魅力。

建设和谐宜居的城市。城市的核心是人。创建文明城市必须坚持人民城市为人民，把让群众生活得更舒适这一理念融入城市规划建设管理之中，为群众带来看得见、摸得着的进步和变化，不断提高城市的宜居程度，提升群众的幸福指数。

二 城市文明价值共识的形成历程

在转型社会中，受到多元文化、客观条件、发展阶段的影响，城市文明价值共识的形成经过了一段长期的历程，主要体现为以下四个阶段：

第一阶段：1996年至2001年，城市文明价值共识的孕育时期。

1996年，党的十四届六中全会通过了《关于加强社会主义精神文明建设若干重要问题的决议》，开启了全国文明城市创建的历程。决议明确了以城市文明为核心价值取向的精神文明建设，促使因个人主义、道德失范而出现的集体意识与个人意识的“分裂”走向“弥合”。城市文明作为城市发展的公共意识，开始孕育。

第二阶段：2002年至2011年，城市文明价值共识的成长时期。从研制《测评体系》，到评选表彰第一届全国文明城市，31个省区市治区、118个城市（城区）按照《测评体系》的城市文明评价标准、评价方法着力推进创建工作。2008年至2011年间的两次全国文明城市建设，进一步突出了文明城市的人文环境、市场环境等软环境因素和民生幸福工程的要求，使一度弱化的公权力在“文明创建”的力推下得到强化。

第三阶段：2012年至2016年，城市文明价值共识的完善时期。2014年3月，针对文明城市创建中出现的“假”“繁”“急”等问题，中央文明办进行了广泛的调研后，将建立健全“群众评价机制”、完善“创建活动工作标准和长效机制”、制定“文明创建工作负面清单”、强化“考核评价办法”等作为指标内容纳入《测评体系》。自此，对于以文明城市创建为载体追求城市文明，成为了群众认可度最高、地方党委政府最看重的一项精神文明建设工作，极大地改善了城乡环境面貌和群众精神风貌，使城市更具有道德内涵和健康文明品位。

第四阶段：2017年后，城市文明价值共识提升时期。2017年，中央文明办全国创建文明城市工作经验交流会后，以“崇德向善、文化厚重、和谐宜居”为价值共识的文明城市创建翻开了崭新的一页。坚持以社会主义核心价值观为引领，建设崇德向善的城市；注重发挥文化的滋养作用，建设文化厚重的城市；贯彻以人民为中心的发展思想，建设和谐宜居的城市——这不仅是创建文明城市的行动指南，更体现出了追求城市文明的价值取向。坚持将“让群众生活得更舒适”这一理念融入城市建设管理之中，不断提高城市的宜居程度，提升群众幸福指数，成为了广大城市建设者的共同追求。

三　城市文明价值共识的体系建构

《全国文明城市测评体系》（含2005版至2015版及2016、2017版的操作手册）的研制、修订与应用于全国文明城市评选表彰的进程，亦是城市文明价值共识形成与完善的历程，主要体现在以下四个层面：

（一）城市文明的信仰共识

习近平总书记在接见第四届全国文明城市、文明村镇、文明单位时曾言道：“人民有信仰，民族有希望，国家有力量。”信仰是一种普遍存在的社会文化和历史现象，是人类在自身进化发展过程中，对生存状态、生活环境及存在意义的追寻和自觉，是人们思想深处的一种信念、追求和寄托。信仰是人的精神支柱，有信仰的人能够找到生命的意义，有信仰的民族充满着无穷的力量。著名历史学家汤因比对城市的起源进行深入研究后认为，“对神祇的共同信仰产生了城市”“城市一开始只是举行仪式的祭祀中心……一开始，这类祭祀中心或许只有少数长期住户，随着少数非农业人口数量的增加……祭祀中心就逐渐发展成为城市”[1]。由此观之，对神祇的共同信仰产生了城市，祭祀活动是人类早期城市文明创造者生活的重要内容，表达信仰也成为了早期城市的重要功能。信仰与城市的关系源远流长，共同的信仰推动了城市的产生和发展，城市的繁荣与兴盛则为信仰提供了人口、建筑、交通、科技、文化等软硬件支撑。

相比于西方国家通过宗教信仰来凝聚社会共识，在我国应当坚

[1]　[英]阿诺德·汤因比.人类与大地母亲[M].徐波，译.上海：上海人民出版社，2001：9.

持以社会主义核心价值体系作为城市文明的信仰来凝聚社会共识。针对城市发展中出现的道德失范、诚信缺失、规则意识淡薄等不文明缺憾，更需依靠社会主义核心观引领社会思潮，形成社会共识。党的十八大以来，习近平总书记提出的“国家富强、民族振兴、人民幸福”的中国梦，引发国人的热议和广泛认同，正是我们形成社会共识的直接体现。党的十九大报告中，明确“社会主义核心价值观是当代中国精神的集中体现，凝结着全体人民共同的价值追求”。当前，千百万人民群众参与的文明城市创建活动，不仅是实现人民幸福中国梦的有效载体，更应在此基础上，提炼出具有鲜明特色的城市精神，并深化为市民对追求城市文明的信仰，以凝心聚力，形成共识，激发活力。

（二）城市文明的伦理共识

城市文明的伦理共识，一般是指如何提升城市文明程度和市民文明素质方面取得的道德共识。城市文明内蕴着城市居民的道德伦理素养，如上海市民在“申博”“办博”过程中形成的“世博精神”已融入上海的城市精神，并于市民日常实践中形成了“认真负责”的精神、“志愿者”的精神、“扶贫帮困”的精神等。在全国文明城市创建中，杭州、武汉、厦门、张家港等数百座城市也为城市伦理共识提供了丰富的实践经验。那么，在追求城市文明价值共识的过程中，城市市民应具有哪些伦理共识？笔者认为应包含“三种精神”——向善向美、精益求精、追求卓越的人文精神，顾全大局、修身齐家、友善待人的道德精神，奉献友爱、互助进步、热心公益的奉献精神；“三种意识”——公正公平的规则意识、重言守诺的诚信意识、崇礼明德的文明意识。

培育市民“三种精神”和“三种意识”，实质上是将思想层面的内容，转化为具有可操作性的规范。《测评体系》作为相对统一的测评标准，融入到全国各城市居民百姓的工作生活之中，使“思想精神”重塑，在千百万人可感知、可参与、可重复、可修正完善的创建活动中，逐渐内化为市民的意识，内化为政府与市民“文明共建共享”“文明共治”的制度安排。

重塑市民“三种精神”、培育市民“三种意识”的过程，也是重塑一个城市的“城市精神”的过程，如北京在创建过程中形成了“爱国、敬业、诚信、包容”的城市精神；上海则形成了“海纳百川、追求卓越，开明睿智、大气谦和”的城市精神。每一座城市的城市精神，都是当代中国精神的缩影，从不同方面反映着城市梦、中国梦，是支配市民的价值取向、行为方式、心理导向的精神力量，是一座城市的灵魂。

（三）城市文明的制度共识

如今，“大城市病”集中爆发，交通拥堵、房价高企、生态环境恶化、社会风险飙升、贫富分化加剧等现象都是城市不文明的隐形或显性表达，其背后的根源往往是制度的“缺失”或“越位”。从历史经验看，转型社会往往会伴随着风险和冲突，西方国家近两百年的城市化发展历程，同样是危机重重、险象环生。我国快速城镇化只有三十多年，又要面对2020年城市化率要达到60%的目标，就必须走一条具有中国特色的城市化道路，采用制度手段化解冲突。文明城市创建所形成的“城市文明共识”，内蕴全面系统的制度安排，是促进中国特色可持续城市化的制度安排。

1.《测评体系》的测评项目、测评指标和测评方式等制度安排，全面系统地凸显城市的形态文明、功能文明和素质文明，并使城市形态、功能、素质文明相统一。《测评体系》通过对城市“软件”和“硬件”、“设施”与“管理”、“人”与“活动”、“规范”与“引导”、“教育”与“发展”等380多条测评指标的测评，全面系统地考量与评价城市化进程的可持续发展水平。特别是"牢固的思想道德基础""良好的经济社会发展环境""长效常态的创建工作机制"三大模块、12个测评项目等城市文明发展"软环境"测评，引导城市在改变与完善城市政务、法治、市场、人文、安全稳定等"软环境"过程中，给市民百姓营造安居乐业的社会生活环境，促进城市文明和谐。因此，自2005年以来连续五届参与全国文明城市评选表彰的500多个城市中，市民百姓的支持拥护率均在95%左右。

2.《测评体系》将"软指标"转化为"硬杠杠"，打牢提升城市治理体系和治理能力现代化的社会基础。比如，《测评体系》中"基层文化设施"指标中对于现代公共文化服务体系建设提出具体要求，即"每个街道拥有晨晚练体育活动点5个以上，人均体育场地面积>1.08平方米等"，这就是用制度的约束力促进政府将资金、空间、资源投入到与人民密切相关的事业中去。再者，《测评体系》中"环境管理与环境质量"指标对消除黑臭水体、生活垃圾无害化处理、城市空气质量等都有明确量化要求。这些从柔性要求中转化而来的刚性制度安排，不仅让政府社会治理有目标、有动力、有方向，而且与各城市网格化、大联动等管理系统产生功能叠加效应，以行政自上而下考核、群众自下而上评价等途径，促使《测评体系》制度安排在实践中完善城市治理体系、提升城市治理能力，营造市民践行社会主义核心价值观的社会环境。

3.《测评体系》是已经被实践证明的，能够促进城市文明和谐发展的制度设计和制度构建。其一，《测评体系》不仅对一个城市的政治、经济、文化、社会建设设置了测评项目、测评内容，而且将一个城市经济与社会发展的水平、质量等量化为测评标准；不仅明确城市形态文明、功能文明、素质文明的评价对象，而且每一指标都有负责分管城市形态文明、功能文明和素质文明的政府责任主体。中央文明委2015版《测评体系》已将中央文明办、中央综治委、中央纪委、公安部、住建部、教育部、文化部、民政部等40个部委办的指标纳入《测评体系》，保证了国家各部委办的指标要求，可以通过各城市相关的委办局主体，使城市文明和谐的可持续发展要求得以落实。这是一种以“测评指标”为桥梁，整合国家与地方资源同创共建文明城市、共同推进可持续城市化的制度设计。

其二，《测评体系》作为一种制度设计，是与我国政府行政管理模式的运作一致的。如前所述，因为该指标体系模型在研制和修订的过程中，整合了国家40个部委办的指标，修改指标都要得到相关部委办的认可；政府能否扎实有效地推进文明城市创建、推动可持续城市化，既是测评指标的要求，又是对政府创建文明城市、推动可持续城市化工作实效的检测，也是对政府在城市建设管理中绩效的最好检验，更是对政府推进全面小康、和谐社会建设的全面监督。

（四）城市文明的评价共识

《测评体系》从2005版的八个测评维度（项目）增加到2015版“三大模块”12个测评项目，虽然测评项目、测评内容、测评指标和测评标准上有所增加、变化，与时俱进地体现党和国家对城市文明发展的要求，反映国内外最新城市化的需求和成果。不过，在基本框架结构上，在通过实地考察、问卷调查和材料审核采集数据，综合评价一个城市文明的方法路径上，形成了评价共识。《测评体系》通过对“公共空间”“公共需求”“公共道德”“公共服务”“公共治理”“公共安全”的关怀和评价，凝聚城市文明的价值共识，以不断提升城市文明程度与市民文明素质。

1. 公共空间的评价

德国社会学家哈贝马斯在评价公共空间时说过，公共空间是指：“政治权力之外，作为民主政治基本条件的公民自由讨论公共事务、参与政治的活动空间。”他强调：“在公共空间内，公民间的交往是以阅读为中介、以交流为中心、以公共事务为话题的‘公共交往’。”[1]虽然我们距离哈贝马斯的公共空间还遥远，但其价值内涵却值得我们追求和倡导。公共空间不只是形态上的广场、公园、图书馆，等等，而是一种人人平等、人人参与、人人共享的价值理念，城市公共空间一旦被赋予较多的人文情感、人文关怀、人文价值，那么城市将会使市民感到更美好。《测评体系》通过对城市“公园绿地”“公共广场”“公园景区”“社区文体广场”等公共空间的量化评价，考评一个城市市民共享公共空间的情况，评价不同职业、不同收入层次的市民在城市公共空间和谐交往的能力和水平。

2. 公共需求的评价

在城市发展中，公共政策、公共规划、公共布局、公共设施以及公共资源等要以是否符合公众的需求，纳入到城市发展的各领域、各层面和各环节。公共需求不是一部分市民或团体的需求，而是生活在城市中的最广大人民的根本需求。《测评体系》既通过对“街道设施”“社区生活环境”等公共服务测评，评价市民生活环境需求满足程度，还通过对城市文化馆、图书馆、博物馆等满足市民需求概况的情况测评公共文化需求供给质量。

3. 公共道德的评价

公共道德是市民在城镇公共领域活动和实践中培育起来的共同具有的文明素养，是对市民在公共领域交往与活动中所应具有的素养要求、素养价值观，是一个城市、一个国家文明程度的重要标志。对公共道德的关怀和评价，从根本上说就是要培养一个城市市民、一个国家公民的公共道德。《测评体系》通过“文明行为”“文明交往”“友善礼让”等测评指标，考察一个城市市民在公共领域的道德素质。培育一个城市、一个国家公民的公共道德的过程，既是提高市民文明素

---

[1] [德]尤尔根·哈贝马斯.公共领域的结构转型[M].曹卫东，译.上海：学林出版社，1999：1.

质、城镇文明程度的过程，又是提升一个城市、一个国家竞争“软实力”的过程，更是改善一个城镇、一个国家发展的“软环境”的过程。

4. 公共服务的评价

公共服务的能力与水平，既是一个城市吸引人和凝聚人的关键，又是一个城市的城市化和现代化程度的标志，公共服务本身就是一种追求城市文明的价值理念、价值取向。《测评体系》中除了对一个城市38个服务行业“文明诚信服务”的水平评价，还通过“以城带乡、城乡共建”等指标，将服务延伸至乡村，支持农村改路、改水、改厕、旧村改造，提升城乡公共服务综合能力，协调促进城乡一体化发展。

5. 公共治理的关怀

随着经济全球化和信息化的发展，传统的社会管理正由新型的公共治理所替代。公共治理强调社会的公共事物，通过倡导公共精神，寻求公共领导，以更好地实现对城市公共事业的治理。对公共治理的关怀和评价，体现了多元主体（政府与市场、政府与非政府组织等）互动治理方式对社会的“善治”，体现了具有公共精神的公共领导对城市公共事物的“善治”。因此，《测评体系》在“志愿服务制度化建设”中，设置了要建立健全志愿者等级注册、服务记录、关系转接、兑换服务、褒奖激励等机制的测评指标；在“志愿服务活动”中对服务活动的情况设置了明确测评要求，引导市民参与城市治理。此外，还通过“食品药品安全监管”“突发公共事件应急处理”等，测评一个城市的公共治理水平。

6. 公共安全的关怀

公共安全是政府和市民都十分关注的社会问题，是政府的主要职责。《测评体系》通过“公共安全保障”“饮用水安全”“治安管理”等测评体系，走出一条城市社区公共服务体系与公共安全体系相统一的道路，调动一切积极因素参与城市社区公共安全服务，维护社会治安、维护公共安全。

综上，城市文明的“信仰共识”“伦理共识”“制度共识”和“评价共识”，构成“四位一体”的城市文明的价值共识论体系；“四位一体”的城市文明价值共识论的应用，意味着全国人民对城市文明发展、民生幸福的认同，意味着对中国共产党领导的中国特色城市化和现代化道路的认同，意味着对中华民族五千年文明发展史以及民族和国家的认同。

四　城市文明价值共识的实践发展

建构起来的城市文明价值共识，是以十多年来城市文明创建的实践为基础的，未来城市文明价值共识能够进一步凝聚起政府、社会、群众的智慧和力量，肩负起社会整合、价值认同、人民信仰的重任，依然取决于城市文明价值共识的实践发展。

1. 融入市民文明意识

文明意识产生文明行为，文明行为反映文明意识。在创建文明城市过程中，应将城市文明价值共识贯穿始终，使创建工作更体现思想内涵和价值导向，更具有人文精神和情感关怀。上海在青少年中持续开展中国特色社会主义和中国梦宣传教育，每周在各街镇举行“国旗下成长”升国旗仪式，在青少年群体深入开展国家意识、法治意识、社会责任意识宣传教育；厦门精心打造诚信街、好人路等文明示范点，推广“招招手您先走，文明礼让斑马线”，在全社会形成向善向上的强大精神力量。

2. 融入市民文明行为

城市文明价值共识的实践发展，必须融入市民日常的学习、工作和行为习惯，让市民在实践中领悟和自觉践行。因此，有必要将社会主义核心价值观融入市民公约、村规民约、学生守则，在党员干部、公众人物、青少年中开展规范守则教育实践活动，鼓励有立法权的城市融入法律法规，以制度刚性约束市民行为。浙江省杭州市率先建立公共文明素质评价体系，出台《杭州市行为促进条例》，把斑马线礼让行人、禁燃放烟花爆竹等“文明新风尚”写进法规；新疆维吾尔自治区乌鲁木齐市制定颁布《乌鲁木齐市公共文明行为条例》，明确倡导12项文明行为和禁止14项不文明行为，从道德弘扬上升到法治轨迹，坚持德法结合，加强惩戒和处罚力度，提升市民自律意识和他律意识，强化都市文明行为的养成。

3. 融入民生幸福工程

价值共识的前提是对城市社会的认同，须将城市文明的价值共识物化为民众可感知、可触摸、可获得的民生幸福工程。海南省海口市始终坚持创建为民、惠民、利民、靠民的宗旨，改变以往重“高尔夫球场”等旅游设施投资的做法，每年投向民生支出资金占财政支出的75%。2016年投入100多亿元，改造小街小巷2 434条，打造15分钟便民生活圈40处、特色餐饮街10条，改造提升农贸市场39家。河南省许昌市曾因“脏乱差”问题突出一度被戏称为“许脏”，为此历届市委市政府引以为戒、惕厉自省，在城市管理上推进精细化、智能化，实现垃圾资源化，树立起全省城市管理的“许昌标杆”。

4. 融入城市规划和治理

城市文明价值共识的实践发展，必须突出城市规划和城市治理。城市规划不仅要体现空间立体性、平面协调性、风貌整体性、文脉延续性，而且要充分发挥规划的战略引导和刚性控制作用。同时，城市文明的价值共识还要融入智慧城市建设，建立健全城市大数据管理系统，发挥大数据在分析监测、决策咨询、风险预判等方面的优势作用，提升城市精细化、智能化管理水平。

5. 融入城市文明发展

城市文明的价值共识，必须在纠正各种城市病，打破GDP崇拜，促进城市文明发展的实践中，实现文明城市的创建价值。通往城市文明之路，是异常深刻、复杂而又持久的变革，笔者认为，必须以公正、均衡、幸福三个维度作为文明发展的核心要素，持续发展城市文明的价值共识。

（1）促进公正的发展

我国政府高度重视发展中的公平正义。目前来看，我国已为此付出了代价：不仅社会分配不公的现象仍较为突出，而且农民工及其子女在就业、就学、就医方面的不公正待遇仍然存在。《测评体系》不仅设置了民主公正的法治环境要求，而且对农民工子女就业、就学，以及妇女权益保障等提出明确要求，保障社会公平正义。

（2）促进均衡的发展

党的十九大报告强调，中国特色社会主义进入了新时代，我国社会主要矛盾已经转化为人民日益增长的美好生活需要和不平衡不充分的发展之间的矛盾。均衡发展的意义可见一斑。《测评体系》通过引导均衡公共教育资源、医疗资源等，引导以城带乡，促进城市文明发展。

（3）促进幸福的发展

世界范围“幸福指数”的调查结果显示，很多发达国家“幸福指数”并不高，财富数量与幸福感不一定呈正相关，发达不发达亦并非提升“幸福指数”的决定性因素。《测评体系》对城市公园绿地、饮用水、空气、食品药品等的评价，本质上就是对人民幸福生活的关怀。城市文明价值共识的实践，正因为坚持人民群众幸福感、满意度的评价，才能吸引越来越多的城市认同并参与文明城市创建，为人民群众的美好生活奠定基础。

第六章
华夏城市文明的信仰

价值共识的形成，常常以共同的理想、信念或共同的信仰为引领。共同的信仰是决定并影响价值共识的深层的根本因素。信仰马克思主义必然决定并影响走什么道路、选择什么制度。中国共产党人对马克思主义真理的坚定信仰，必然引导中国共产党人在追求信仰的实践中，形成坚定地走中国特色社会主义道路的价值共识。同样，当代华夏城市文明的发展，需要引领一些干部群众由对“物”的信仰转向对“精神”的信仰，并在追求城市文明的实践中形成支撑精神文明信仰的载体和平台。

一　追求文明城市内蕴的信仰

近年来，随着英国退出欧盟、连续遭受恐怖袭击，特朗普不顾世界各地反对不断挑起全球贸易战，国际社会开始深入反思不同文明的融合和包容以及人类的命运共同体问题。正在和平崛起的中国，面对经济社会深度转型，改革深入和利益格局大幅调整、各种思潮涌动，难以形成发展共识、社会共识的局面，习近平总书记不仅在2015年接见全国文明城市代表时提出了“人民有信仰，民族有希望，国家有力量”的重要论述，而且通过“一带一路”战略的实施，促进全球构建人类命运共同体，促进人类文明包容性发展。

近年来，全国各地掀起了创建全国文明城市的热潮，这在本质上是中国物质文明发展到一定程度之后对城市精神文明价值的追求，在路径和方法上是通过抓好创建文明城市这个火车头，以城市文明程度和市民文明素质的提高，实现人民对城市文明的期盼，对人类文明信仰的追求。

（一）信仰与对文明的信仰

信仰，有物质信仰、科学信仰、伦理信仰、宗教信仰，等等。究竟应如何理解信仰？如何引导人民群众信仰精神文明？

1. 中国式的“拜菩萨”是信仰吗？

在北京八大处我曾看到佛牙舍利塔中的释迦牟尼的佛牙，据说全世界仅两颗。佛教徒的虔诚令人敬重！这是一种宗教信仰，但大多数中国人拜菩萨并非到达信仰的境界。

中国人对菩萨的态度是很有意思的。一方面，敬他，怕他，全心全意地保护他，如果有人敢说大不敬的话，那是要受惩罚的。但是另一方面，又要利用他，把他当成一个交易对象：我供着您，您得帮我搞点福气。

细究起来，这其实是中国人获得控制感的一种方式。命运是没办法靠自己双手创造的，总得附身在一个别的什么形象上才好。西方人有上帝，但信徒对上帝的感情，大约要比中国人拘谨不少：忏悔啊，赎罪啊，祈祷啊，感恩啊，极尽虔诚和谦卑，绝不敢一面匍匐在上帝脚下，一面又心里偷偷想：上帝先生，我给您尽到礼数了，我默念这三个愿望，您可得全帮我实现了吧？——讨价还价，将取先予，这是一种中国式的祈福，还不是宗教信仰，更不是信仰。

2. 如何认识宗教信仰

如今全世界有无数宗教，每个宗教都有各自的教义，但你不管信仰哪一种，都需要有理性的智慧。现在不少人的信仰，常常是种迷信，他们到一个寺院，见了一位大师，或者接触某个宗教群体时，身心得到宁静、安乐，就将它认定为自己的信仰。可这种信仰是非理性的，很容易随外缘而转变。

那什么样的信仰比较稳固呢？爱因斯坦说过："没有宗教的科学是瘸子，没有科学的宗教是瞎子。"这句话虽有不同解释，但我认为，前半句是指依科技所取得的发明、发现，如果没有宗教指导，则必定是盲目的。为什么呢？因为佛教、儒教、基督教等大多数宗教，都有劝人向善的一面，科学若没有以此为前提，反而一味地急功近利、唯利是图，那最终会导致什么样的下场？只能是人类自己毁灭自己。

宗教内蕴着科学。举个简单的例子，《时轮金刚》在没有任何仪器的情况下，将一年三百六十多天的太阳运行，包括日食、月食的具体时间，算得连一个小时都不差，并能准确说出银河系和太阳之间的深妙关系。这种发现，在天文学史上可谓前无古人，从而引起了当今学者的普遍关注。同时，佛教的医学也非常先进，像现代西医和中医《本草纲目》中所发现的东西，在藏地医学里早有明示。因此，文学巨匠鲁迅先生在阅读了《贤愚经》《瑜伽师地论》等佛教经论后，对佛陀的智慧感叹不已，他对朋友说，释迦牟尼真是伟大的圣哲，我平常对人生有许多难于解决的问题，而他居然大部分早已明白启示了，真是伟大的圣哲！

所以，现在每个人，尤其是从事科学研究的人，对信仰、对价值观的需求必不可少。假如你没有正确的信仰，不想着国家富强、民主、文明、和谐，不爱国、敬业、诚信、友善，成天盲目地追求物质，那在这个社会上，也许你的事业、财富、名声、地位等很成功，但它所带来的不一定是快乐。如今，常听人说"某某高校的大学生自杀了""某某成功企业家患抑郁症了""某某高官被双规了"……据统计，这几年跟前十年比起来，有些人感到的幸福指数在降低，自杀率却越来越高。这是什么原因呢？一定意义上可以说因为人们缺乏信仰，除了维护自己以外，根本不在乎他人的利益，也不在乎整个社会的文明和谐有序，这样一来，即使外在的生活五光十色，令人眼花缭乱，但实际上，自己的内心也非常困惑、焦虑、痛苦。所以，华夏民族需要华夏文明，需要在对城市文明的追求中，凝聚价值共识，张扬文明的力量，展示民族和国家对文明信仰的美好未来。不然，物质文明越发达，伦理道德就会越下滑。

讨论佛教信仰、宗教信仰，离不开对马克思说过的“宗教是鸦片”这句话的理解。这种观点，在“文革”期间，马克思的这句名言，成了很多人打击宗教的有力武器，他们将宗教斥为麻醉人民的“毒品”，传教者统统是“毒贩子”，宗教信徒则是“鸦片鬼”……无数人听后也不加观察，盲目地用各种不恭敬的语言来攻击宗教。

实际上，马克思虽然说过这句话，但他的意思却被误读了。后来钱锺书先生也曾找过他的原话，发现马克思对宗教的比喻，并不是有些人所理解的那样。在马克思生活的19世纪，鸦片是一种昂贵的镇痛剂，它可以解忧止痛，减轻人们的痛苦，用它来比喻宗教，是就宗教功能而言的，并非指宗教的本质。而且这个比喻还强调，宗教有非常强大的吸引力，能使人们全身心地陶醉于其中。只不过因为中国近代经历了鸦片战争，才将鸦片完全当作负面的理解，得出了宗教是鸦片、毒品的认识。

其实，不管是马克思还是恩格斯，都对佛教的评价相当高。如恩格斯曾说过：“人类到释迦牟尼佛时代，辩证思维才成熟。”马克思也说：“辩证法在佛教中已达到很精细的程度。”所以，他们对释迦牟尼佛的辩证思想非常赞叹。

（二）追求精神文明的信仰

1. 人民要有信仰

党的十九大报告强调：“人民有信仰，民族有希望，国家有力量。”

信仰是什么？信仰，顾名思义就是因为信奉而敬仰。这种仰慕，从最初的敬畏、膜拜，最终会上升为对一种理念的坚持和坚守，并将此奉为行为准则和活动指南。信仰是对人生观、价值观、世界观的选择和持有。世界观处于最高层次，对信仰起着支配和导向的重要作用。信仰问题因而成为人类的根本性问题。一个人的信仰，决定了个人的全部行为；一个民族的信仰，决定了这个民族和国家的未来。

国家的繁荣昌盛，离不开精神的支撑；民族的不断进步，有赖于文明的成长。古往今来，“落后就要挨打”已成各个国家和民族铁定的真理，但是更让一个国家和民族害怕的是人民的精神颓废空虚。上下五千年的中华历史告诉我们，一个国家，一个民族，缺乏什么也不能缺少信仰。如犹太人曾经两千多年没有国家，全世界到处漂流，但后来还是因为他们有共同的信仰，在20世纪40年代建立了以色列。在人们的生活里，金钱是重要的，但一味地追求金钱只会让人因丧失信仰而堕落。对此，我们党在改革开放之初就创造性地提出了建设社会主义精神文明的战略任务，确立了“两手抓、两手都要硬”的战略方针。

“人民有信仰，民族有希望，国家有力量”的论断是递进式的因果关系，是以人民为根本的治国方略。人民应当拥有怎样的信仰呢？习近平总书记强调，“理想信念就是共产党人精神上的‘钙’，没有理想信念，理想信念不坚定，精神上就会‘缺钙’，就会得‘软骨病’”。“一些党员、干部出这样那样的问题，说到底是信仰迷茫、精神迷失……”为此，就要努力培育和践行社会主义核心价值观，加强社会公德、职业道德、家庭美德、个人品德建设，营造全社会崇德向善的浓厚氛围。人民有信仰，就是从一家一户做起，从你我做起，从党风、政风、社风、家风做起；人民有信仰，就是要人人树立文明观念，个个争当文明公民，更是要让广大青少年弘扬中华民族的传统文化基因，让信仰之花在华夏大地世世代代绽放。

2. 浸润于中华民族血脉中的信仰

中国人心中的信仰，千百年来一直有着肥沃的土壤，这个信仰源源不断地浸润在血脉中，成为了中华民族优秀的文化基因。只要全体中国人民将信仰内化于心灵里、贯注于行动之中，那么“两个一百年”的奋斗目标、13亿人民的中国梦，就没有任何力量可以将其阻挡。这也就是“人民有信仰，民族有希望，国家有力量”的根本原因。

值得认真阅读的是《苦难辉煌》一书。该书把中国共产党的早期历史放在国际大背景下解读，并用战略思维、战略意识点评历史。它以空前复杂的历史变局为背景，以两万五千里长征为主线，以独特的视角审视了中国共产党人在历史重大关头坦然承担救国使命、冲突重围、杀出绝地，最终夺取革命胜利的历史足迹；它展示的是中国共产党的历史，更是中华民族可歌可泣、前仆后继的奋斗史、流血史、牺牲史；它是思想之作、激情之作，更是红色经典之作。

读完此书，眼前飘过历史的烟云，一幕幕中国共产党人探求救国救民、民族独立的画面清晰感人；一个个舍生取义、慷慨赴死，给人以火星者，必怀火炬的革命志士鲜活可敬。掩卷长思，让我感受到信仰的无穷力量。纵观全书，我觉得有两点启发：

一是对崇高信仰的忠诚与坚定是取得伟大胜利的保障。信仰，是对某种理论、学说、主义的信服和尊崇，并用以作为自己行动的指南。对个人来说，信仰是人生的精神支柱；对政党来说，信仰是凝聚和鼓舞全体成员的精神旗帜；对国家和民族来说，信仰是不断发展、实现振兴的精神动力。诞生于资本主义繁华世界的马克思主义，为什么能在贫穷落后的中国开花结果？中国共产党建党时只有50多名党员，为什么能在28年后夺取全国政权？南昌起义后只剩800名军人，为什么能在22年后以百万雄师解放全中国？伟人毛泽东为什么能以“中国人民从此站起来了”的豪迈带领一个苦难深重的民族开始其伟大的复兴？这就是共产党人信仰的力量，这就是共产党人对信仰忠诚与坚定向世界展示的绚丽画卷。

《苦难辉煌》写道:“你可以忘记工农红军纵横十一省区,行程两万五千里,一路硝烟,一路战火;可以忘记不尽的高山大河,狭道天险,国民党数十万大军左跟右随,围追堵截;可以忘记革命队伍内部的争论与妥协,弥合与分裂;但这一点你将很难忘怀:长征所展示的是照射千秋万代的不死精神与非凡气概。”毛泽东主席说:“长征是宣言书,长征是宣传队,长征是播种机。长征是以我们胜利,敌人失败的结果而告终。”胡锦涛同志《在纪念红军长征胜利70周年大会上的讲话》指出:“在艰苦卓绝的长征中,英勇的红军将士之所以能够视死如归、浴血奋战,之所以能够战胜人世间难以想象的千难万阻,就是因为他们心中有着为人民解放和民族自由而奋斗的崇高理想和坚定信念。从苦难中走过来的共产党人,从腥风血雨中走过来的共产党人以对崇高信仰的忠诚与坚定,才创造了中国革命的辉煌。”

二是对崇高信仰的忠诚与坚定是中华民族走向复兴的力量源泉。“我们曾经是奴隶。否则不会有从1840年到1949年中华民族的百年沉沦。我们也曾拥有英雄。否则不会有从1949年到2050年中华民族的百年复兴。”中国共产党是带领中华民族走向复兴的领导者、实践者,责任重大,使命重大;要完成使命、履行责任,必须坚定马克思主义信仰。高举中国特色社会主义伟大旗帜,毫不动摇地坚持中国特色社会主义道路和中国特色社会主义理论体系。当然,随着改革开放,随着西方所谓民主、自由思潮对中国社会的侵入,一些共产党人却丧失了共产党人的精神家园,抛弃了自己的信仰,个人主义突出,形式主义、官僚主义严重;趋炎附势,庸俗化、功利化倾向明显,甚至蜕化变质、贪污腐化、奢靡堕落。上述种种现象,都是对自己信仰不忠诚与坚定的表现。中国革命史是一部唱响忠诚之歌的历史。在许多人出现了精神危机、信仰危机的今天,《苦难辉煌》适时地给世人送上一道精神大餐，用许多共产党人把信仰看得比生命还重的故事，无论面对强大凶狠的敌人还是面对极度艰难的环境，都能够做到坚忍不拔、英勇顽强、前仆后继的鲜活事例鼓舞人们勇往直前，也给人们树立正确的世界观、人生观提供了良好的借鉴。

“物质不灭，宇宙不灭”“唯一能与苍穹比阔的是精神。”感谢《苦难辉煌》的作者国防大学战略教研部副主任金一南少将，你以大历史观和如椽的妙笔，让我们重温那段历史，使我们更加珍惜今天的生活；感谢那些为了民族自由独立富强而奋斗过的前人，他们是我们民族永远的骄傲，是我们民族精神的具体体现！

二　表达信仰的载体和制度平台

信仰都要有表达的载体：在西方，几乎每个城市都有教堂；在中国，有山必有寺庙。教堂、寺庙、清真寺等都是追求和表达信仰的载体。

（一）寺庙是表达信仰的平台

寺庙作为中国佛教信仰的载体，遍布中国各地。2015年5月4日，我与中央文明办去河北正定县（习近平总书记曾在此当过县委书记）调研，参观了隆兴寺。

千年隆兴寺藏六大全国之最。始建于隋开皇六年（公元586年）的隆兴寺，俗称大佛寺，是国内现存时代较早、规模较大而又保存完整的佛教寺院之一，是全国重点文物保护单位。著名古建学者、建筑大师梁思成先生称之为“京外名刹之首”。隆兴寺初名龙藏寺，唐改称龙兴寺。北宋开宝四年（公元971年），奉宋太祖赵匡胤旨，在寺内铸了一尊巨大的四十二臂铜质千手观音菩萨像，并盖大悲阁，此后，以大悲阁为主体的宋代建筑群相继告成。金、元、明各代对寺内建筑均有修葺和增建。清康熙、乾隆年间，又两次大规模重修，康熙四十九年（公元1710年）赐额“隆兴寺”沿用至今。隆兴寺自肇建之初至清末备受历代帝王的青睐，康熙、雍正、乾隆、嘉庆、光绪、慈禧都曾巡幸驻驾，拈香礼佛。寺内六处文物堪称全国之最：被古建专家梁思成先生誉为“罕见珍例”的建筑孤例摩尼殿；摩尼殿中被鲁迅先生誉为“东方美神”的倒坐观音；我国早期最大的转轮藏；被推崇为“隋碑第一”的龙藏寺碑；我国古代最高大的铜铸大佛；我国古代最精美的铜铸毗卢佛。

寺庙内的东方美神——倒坐观音尤为引人注目。摩尼殿内槽北壁一座泥塑五彩悬山，上有塑像数十尊，正中为五彩观音菩萨像，俗称“倒坐观音”。倒坐是指观音菩萨不坐在大殿的正中央，而在后壁倒坐。观音像衣袂飘飘，彩妆绚丽，面容秀丽恬静，是古代彩塑中不可多得的艺术珍品。鲁迅先生称倒坐观音为“东方美神”。在北京鲁迅故居内的书案上，陈列着一张倒坐观音像的照片。这张照片是鲁迅先生于1923年在北京山本照相馆购买的。他特别喜爱这张观音像，一直把这张照片摆放在书桌上，视若佛教美学的佳作，这张倒坐观音像就出自摩尼殿。

（二）建设表达信仰的制度平台

信仰的制度表达不一定是教会宗教的那种形式。在中国的生活体验和文明变迁中，还有更多的中国经验，或者中国的神圣经验影响信仰的制度表达。我们说中国的信仰者，或者说宗教信仰者，更多的是在国家权力统治下的私人化的信仰。这样的宗教信仰形式很难形成一种社会的共识，形成社会的公共意见。

1949年以后，我们社会结构的特征可以用总体性社会，或者全能社会来概括。就是用行政权力整合了社会的所有资源，包括人的生老病死，也包括人的精神生活和灵魂归属问题。在城市中，通过单位制度将其整合起来。在农村，通过大队、小队将其整合起来。那时候有各种学习小组，大家聚集在一起学习马列主义毛泽东思想，向往共产主义理想。这也是一种信仰的形式和表达。那么，也可以从某种意义上说，职业的归属与资源配置的安排整合进了人们的信仰体系中，或者说精神生活中去了。那时候的个体，精神上是挂靠在以政府为主导的价值体系中的。用这样的形式把人都整合在一起了，就没有了个人的信仰选择和信仰空间了。

但是经济发展以后，这种社会状况有所改变。我们告别了单位制度和人民公社制度以后，这些制度下的民众走出了这种看似稳定的社会制度。人们有了各种信仰选择和价值选择的机会。看上去人们是走出来了，走出一个总体社会，个体开始选择了。但是如果我们缺乏一种制度平台，个体到哪里去表达他（她）的信仰呢？中国的信仰方式只有走到一种社会层面，才可以说是个人信仰的开始。原来单位制度下的政治学习、小组学习等，也有仪式的作用，将人聚集在一起，能让人产生一种神圣的认同。但是单位制解体后，这种仪式逐渐缺失，不同的教育程度、不同的城乡地区的不同的个体都试图重新选择自己的信仰。国人现在正是处在这么一个过程之中，充斥着迷茫和反省。不过，通过现在的QQ、微信群等网络平台，也能寻找共同志向的朋友，表达信念、信仰。某种意义上说，是人们利用新媒体表达一种对社会的公共精神关怀，它以自己的信仰为基础来表达的，但这种表达也是一种公共性的建构。

三　搭建城市文明的信仰平台

当前，在面对我国城市迅猛发展带来的种种困境时，我们要善于通过文明城市创建的载体，将千百万干部群众对城市文明的价值共识逐渐引导到对城市文明未来的信仰。为此，要实现以下“三大转型”。

（一）从信仰缺失向信仰文明转型

迅猛发展的城市，特别在人口集中的城市，一方面，发展给人们追求世俗生活提供了重要的物质基础和合理性；但另一方面，发展对知识、信仰、自然等神圣性的全面消解和祛魅，给人们带来深刻的精神危机、信仰危机乃至社会的文化危机。城市市民得到的仅仅是“物”欲的满足，而满足其精神需求等还有较大的差距。

于是，不少灵魂无依的城市市民，不论是年轻的白领阶层，还是中老年群体，以这样或那样的信仰企图填充干枯的内心世界，这些信仰中，影响力较大的莫过于中国式的拜菩萨现象。但是，中国式的拜菩萨并非到达信仰的境界，充其量只不过是一种“讨价还价、将取先予”的中国式的祈福，其背后仍然是传统的依附式的思维方式。真正对佛教的信仰，是依靠智慧长期观察、反复比对，是建立在对佛陀、佛法、僧众的虔诚信念的基础上的，是深埋进内心并在一切行为点滴中展现出来的。这样的信念并非只是心血来潮、人云亦云，也不是仅停留在口头上、形式上，而是发自内心深处的一种悟性。信仰文明应由三个因素构成：一是，信仰本身劝人向善，内蕴着科学又能指导科学；二是，信仰的过程需要长期、理性的智慧体悟；三是，信仰一旦建构，将以其强大的吸引力与信仰者之间建立长期牢固的关系。

宗教是一种很有影响力的文明信仰的表达形式，但是宗教信仰更多的是在国家权力统治下的私人化的信仰。在中国，这样的宗教信仰形式难以形成一种社会的共识，形成社会的公共意见。1949年建国后，我国社会结构的特征可以用总体性社会来概括，行政权力整合了所有的社会资源，包括人的生老病死，也包括人的精神生活和灵魂归属问题。单位制度和人民公社制度在城乡将人都整合在一起，个人没有信仰选择，信仰空间处于缺失状态。改革开放后的一个阶段，可以说是对经济发展的疯狂崇拜，相继出现“时间就是金钱、效率就是生命”等发展理念。在对现代化和民族复兴的渴求中，以发展、现代性、世俗化为轴心建立起来的意识形态、知识系统和价值体系悄然形成并影响了一批刚刚走出单位制度和公社制度的人们，而西方多元价值也趁着开放的东风进入中国，成为部分民众的价值选择，以上这些都是不可否认、难以回避的社会现实。

因此，如何在发展目标、发展路径、发展伦理、发展价值观等深层次上建设性地批判和反思发展理念，并寻找符合城市文明要求的新的信仰表达平台——物的文明、人的文明与制度的文明三者并举、整体推进，这是以信仰制度平台构建为目标，以城市文明为机制，切实实现信仰文明化转型的制度性基础。

（二）从信仰个体化向信仰社会化转型

中国在1949年后，城市社会中的个体走向了“单位”，乡村社会中的个体走向了“人民公社”。公社把人们组织起来，设置各类学习小组，大家聚集在一起学习马列主义毛泽东思想，向往共产主义，一定程度上有仪式的作用，能让人产生一种神圣的认同。可以说，职业的归属与资源配置的安排整合进了人们的信仰体系中，个体的信仰是挂靠在以政府为主导的价值体系中。

然而，当下这个精神架构发生了变化。公社制度已经废除，单位制度已然不是现在社会的主流，民众走出了这些看似稳定的社会制度，拥有了各种信仰选择和价值选择的机会。但是，看上去人们走出去了，走出一个总体社会，个体开始选择了，但是如果我们缺乏一种制度平台，个体到哪里去表达他（她）的信仰呢？中国的信仰方式只有走到一种社会层面，才可以说是个人信仰的开始。

原来单位制度下的政治学习、小组学习等，也有仪式的作用，将人聚集在一起，能让人产生一种神圣的认同，但是单位制解体后，这种仪式逐渐消失，不同的教育程度，不同的城乡地区的不同的个体开始重新选择自己的信仰，现在国人正处于这么一个过程中，充斥着迷茫和反省。因此，在否定了以“单位制”和“公社制”为代表的信仰制度之后，中国需要重塑一种新的信仰制度，来进一步应对个体化信仰带来的社会意识和价值观念的嬗变。

毫无疑问，中国当前的发展是以城市化、现代化为显著特征的，无论是在规模上还是在速度上，中国正经历着史无前例的城市化运动。1978年至2016年，中国城市常住人口从占总人口的18%剧增到57.35%[1]。这种趋势还在继续，“十三五”期间，户籍人口城市化率将由2015年的39.9%提高到45%[2]。因此，我们应当遵循城市化的内在本质，将对信仰制度平台的构建，与我国如火如荼的城市化实践紧密地联系起来，以城市文明引领现代城市化的快速扩张和发展，以“文明化”的城市发展进程影响和熏陶城市市民文明价值取向。在这个意义上，我国的城市化应该是城市文明化、信仰社会化的过程，它不仅体现在城市元素的聚集，更体现在现代城市的内在性质上——通过城市化实现良好的产城融合、社会民生、生态修复和人文目标，使城市化具有深刻的文明内涵和文明本质，树立城市文明的价值导向。城市文明创建作为一种追求文明价值的制度安排，以为民、惠民、利民、靠民为宗旨，将市民们重新聚集在各类文明空间内（文明城市、文明村镇、文明社区、文明楼组、文明单位、文明窗口、文明园区）等，更好地实现城市文明和谐的价值期待和“城市让生活更美好”的信仰意蕴，担负起重塑当代人民信仰的责任。否则，若在城市化进程中存在“粗放式”“政绩式”“GDP导向式”的“大跃进”式的发展方式，人民群众将无法感受到城市化发展应有的战略目标和积极意义，会消解市民对城市文明的信仰基础。

（三）从创制的价值灌输向自觉的文明信仰转型

目前我国大多数城市凭借文明创建的体制和机制试图重塑文明信仰，如近年来全国各地都在组织开展文明城市创建和社会主义

[1] 出自国家统计局2016年的数据。
[2] 出自国家十三五规划2015年的数据。

核心价值观宣传教育活动。这种创建活动对城市文明精神的形成功不可没，体现了中国特色，也进一步丰富了“中国经验”“中国模式”“中国风格”的内涵。但是，这样的价值塑造往往是表面化的，需要付出高昂的宣传和治理成本，表现出很强的行政依赖性和财政依赖性。一方面，依靠强势的行政动员和资源投入，现在基本上人人都了解了社会主义核心价值观，特别是在大中小学校，学生们都能熟背社会主义核心价值观的24个字；但另一方面，不少人还无法真正将这24个字与社会交往、行为方式、思维模式相融合。显然，很大程度上因为这依然是一种外在的创制模式，充其量只是价值灌输，很难催生出内在的自觉信仰。

从信仰的生成机制来看，信仰本身就是一种由内而外的、自觉自愿的信奉过程，价值灌输与自愿信奉有着质的不同。价值灌输主要是出于社会控制的目的和愿望而被创制出来的，这种方式是以低度复杂性和低度不确定性的社会结构为基础的，在等级化的“中心—边缘”结构型的组织社会里是有效的，而且往往是高效率的。但在面对开放、流动、“去中心化”的高度复杂性社会时，这种创制模式就显得无比僵硬，甚至失灵，难以满足信仰的形成条件和要求。

与价值灌输相比，信仰之所以自觉，是因为它发生和存在于认同城市文明的平等、自由，有信仰选择权的行为主体的内心之中，而不再是一种外在于行为主体的力量。虽然这种信仰也要依靠传播，信仰本身也要随着现代化进程而发展，但它不是由政府或少数社会精英所独创并单方面向人民灌输，而是由一切参与社会活动的人乃至文明社会所共同创制的。人民有信仰，人的文明自主性、创造性不再受到压抑，城市发展将更遵从于人的本性、人的自觉、人与人的和谐而走上城市文明的现代化道路，人的价值有了实现的空间和机会，人的生活会变得更加自由、快乐和文明，人的梦想能更好地和城市的梦想融合在一起。这样一来，不仅城市文明信仰形成的过程是自觉的，而且这一文明信仰本身就存在于人的自觉性之中，从而焕发出信仰的力量。因此，以“自觉”的文明信仰逐渐替代“创制”的价值灌输，是社会结构性变化和人的自由全面发展所提出的要求，是符合城市文明发展内在规律的。

四 实现城市文明信仰三维路径

由于城市文明的统领性、整体性和发展性特征，信仰城市文明，关乎社会的价值观、发展观乃至人的生活方式、思维模式的深刻变革，它的实现是以体现核心价值观的信仰建构为条件，以社会认同为前提，以融合人民信仰与文明城市创建的实践为推动力的。

（一）以核心价值观为引领的信仰建构

国家的繁荣昌盛，离不开精神的支撑。民族的不断进步，有赖于文明的成长。历史证明，只要人民的精神不灭、信念不息，就算是遭到了暂时的困境，依然可以书写壮丽的“苦难辉煌”。中国人心中的信仰，在千百年来一直有着肥沃的土壤，这个信仰来源于中华民族优秀的文化基因，来源于追求民族独立的精神洗礼，来源于实现中华民族伟大复兴的改革创新，这些构成了人民信仰的不竭精神源泉。

塑造中华民族性格的儒家孔孟精神主张人格平等。可以说，因为有了人格平等精神，有了自隋代开创的科举制度，使得主张以德行和才能拼搏而获得现世的成功有了可能，社会上下流动得以渠道畅通，出现了“朝为田舍郎，暮登天子堂”的社会景观，一批具有道德情操、社会责任感，更有深厚文化修养的现实“圣徒”出现在东方，开创了璀璨辉煌的中华文明，使得中国历史上在经济文化方面长期领先于西方。相比于佛教、伊斯兰教和基督教等宗教信仰对“彼岸世界”的追求，中华传统儒家精神有鲜明的“入世观”，“居庙堂之高，则忧其民；处江湖之远，则忧其君”“心正而后身修，身修而后家齐，家齐而后国治，国治而后天下平”，中国古人因为有了学而优则仕的通道，使得在现实社会中实现理想、获得认可、实现家族荣耀成为可能。虽然能够考取功名的人在少数，但是儒家伦理道德却深入广大知识分子心中，为社会和谐稳定奠定了伦理规范。

反之，诞生于西方对现世深切否定的宗教文化，其根源就是没有一套上下流动的机制，大量的社会下层人民生活困苦又饱经战乱，在现世看不到任何希望。就算是自由和民主思想起源的希腊文明，充其量也不过是少数“公民”的自由和民主，是元老院少数元老们的世袭精英的民主和自由。基督教对于天国的想象越是壮丽、对于上帝的救赎期盼越是强烈，就越是说明大多数的人民对现实的不满、失望，甚至是愤恨，才会把一切都寄托于彼岸的美好。从这个意义上可以解释，为什么中国古代文人看重现世并不看重身后灵魂归宿问题，不仅是因为孔子所言：“子不语怪力乱神”，还因为古代意义上文明“进步”的制度设计。

随着西方16世纪的宗教改革特别是新教改革举措的实施，在客观上极大推动了资本主义的经济发展，把人们的眼光从虚无缥缈的天国转向了现实。又因为西方文化的复兴和思想启蒙运动等高潮迭起的精神激荡，使得一批西方国家逐渐成长为世界性强国。相反，中国的儒家伦理精神却过度拘泥于“君君、臣臣、父父、子子”，束缚住了国人的思维方式和现代化的改革步伐。鸦片战争以来百年的屈辱，就是对“落后就要挨打”的最深刻最惨痛的诠释。然而，幸运的是，中华民族深沉的信仰基因又一次迸发出极大的力量。在民族危难关头，拥有崇高信仰的中国共产党人在重大历史关头坦然承担救国使命，冲出重围、杀出绝境，最终夺取民族独立和革命胜利，靠的是心中为人民解放和民族自由而奋斗的崇高理想和坚定信念，靠的是对共产主义崇高信仰的忠诚与坚定。

革命战争年代，对崇高信仰的忠诚与坚定是取得伟大胜利的保证；在需要改革创新的今天，对崇高信仰的忠诚与坚定同样是中华民族走向复兴的力量源泉。对于纷繁复杂的多元文化彼此碰撞的城市而言，建构城市人民的信仰更具挑战性。特别是西方国家并不乐见中国的复兴，千方百计抓住中国快速城市化的发展进程，向中国侵入民主、自由思潮等所谓普世价值，制造一些不利于稳定和发展的言论和观点。城市人口集中，又处在城乡人口融合的碰撞期，民生保障事业发展相对城市建设而言相对滞后，潜在的经济社会矛盾给这些言论和观点以生存空间和市场。更危险的是，一些共产党人丧失了共产党人的精神家园，抛弃了自己的信仰，个人主义突出，形式主义、官僚主义严重，趋炎附势、庸俗化、功利化明显，甚至蜕化变质、贪污腐化、奢靡堕落。

这些问题的延伸影响在于，社会上一些人对执政党的信任缺失、价值观迷茫，以至于被西方思潮所挟持，沦为金钱和物质的奴隶。为此，以培育和践行社会主义核心价值观为引领的文明城市创建正在融入干部群众的生活和交往之中，渗透于城市治理、城市文化、城市环境塑造的方方面面，使之日常化、具体化、形象化、生动化，成为判断是非曲直，稳定社会秩序，彰显文化实力、文化精神的标杆，引导走向崇德向善的文明城市，树立起一座座崇德向善的文明之塔、信仰之塔。

（二）共享城市文明利益共同体的社会认同

社会认同是“个体认识到他（她）属于特定的社会群体，同时也认识到作为群体成员带给他（她）的情感和价值意义”；是社会成员共同拥有的信仰、价值和行动取向的集中体现，本质上是一种集体观念；与利益联系相比，注重归属感的社会认同更加具有稳定性。社会认同是以文明为目标的城市建设和发展中不可或缺的文化结构性力量，并解释了城市文明信仰何以可能形成的内在制度性原因。社会认同对于城市文明认同感的形成发挥着重要作用。

但是，改革开放以后快速城市化，城市人口的社会认同也随着社会变迁发生了明显的变迁，出现了认同的危机。在很多城市可以看到，一面是繁华商圈、现代化的写字楼和衣着光鲜的白领等景象充盈，一面则是随地吐痰、乱扔垃圾、闯红灯等现象络绎不绝的城乡结合部和受到不同程度歧视的外来人口。城市人口大多不同程度地遇到了上学难、求医贵、食品安全问题、环境污染等“文明困境”，产生焦虑、烦躁、迷茫、彷徨等心理，这些或者是由于公共服务缺位造成的，或者是因为人文精神缺失所形成的。这种“文明困境”是在现代性境遇下，人们对快速城市化发展缺乏认同的现实表现。由此，构筑利益共同体的社会认同是共享城市文明的首要课题。

鉴于城市社会的复杂性，在城市化、现代化进程中建构社会认同更具挑战性。社会组织方式是对社会认同的重要支撑。马克斯·韦伯对社会组织作出系统解释，并认为：社会组织是追求同一目标的成员相互协同以实现共同目标的社会群体，是人们为了减少经常性合作的不确定性或风险性而做出的选择，是以一种跨越时间和空间的、稳定的方式把人类的活动或他们所生产的物品协调在一起的手段；并且，社会组织方式主要是指与人们的日常生活紧密相连，对后者起着规范、引导作用的那些基本的制度安排和治理模式，包括法律和各种规范以及民间组织等。

可以说，全国文明城市创建就是这样的一种社会组织方式。第一，文明城市创建蕴含着城市文明发展理论和追求文明和谐的价值观念，人们按照创建标准等制度安排从事日常社会交往的同时，也在体会、评价文明城市创建背后的推动力量和价值观念；第二，文明城市创建是与社会认同相统一的，是人们追求文明价值的认同在制度上的反映和确认。韦伯所说的：从文化的角度来看，资本主义制度的出现首先是因为一部分人对基督教新教的伦理、教义有了基本的认同，这些认同使得这些新教徒变成了按照新教伦理行事的虔诚教徒。而改革开放前的单位制、公社制的建立，也在一定程度上迎合了中国千百年来形成的平均主义诉求。因此，在“单位人”转变为“社区人”的城市结构转变的背景下，要注重对社区公共生活空间的构建，充分利用社区文明创建机制，让普通居民在日常生活中经历文明、感受文明、共享文明，从而构建起人们对文明的自觉意识和价值认同；第三，人们往往从自身的利益出发对组织自己社会生活的制度进行理解和评价，文明城市创建直接关系到人们的利益，并提供市民根据自身理解和评价进行反馈的渠道。如成立于1998年的上海精神文明建设市民巡访团3万余名团员，代表城市居民走访大街小巷、查找各种城市管理缺失和居民文明陋习，并及时向政府部门和新闻媒体反映文明创建中的问题。由此，市民巡访团把对共享城市文明利益共同体的认同，作为行动的指南，不断付诸行动，并影响他人、社会。

在网络文明新时代，对城市文明利益共同体的认同又延续到网络世界。伴随着网络与信息社会的发展，传统的自上而下的线性控制思维和政府垄断管理的单一行政模式正面临挑战，催生了网络式治理的机制安排。在网络式治理模式下，城市文明是所有行为主体参与文明管理的共同价值和利益基础，多元主体和机制的运用也是以城市文明建设为目标导向的。在这个认知和行动框架下，体制内和体制外、正式的和非正式的、定型的和非定型的组织或部门开展合作，更能够形成网络成员之间的信任、协调、合作与互动的共治网络。网络式治理模式是对单向度行政控制模式的超越，是管理体制机制的创新，使得在城市民众利益剧烈变革的城市化进程中，最大程度弱化社会离心力，达成思想契合，形成不断提升城市文明和市民文明素质的社会认同。

（三）融入文明创建实践

城市的文明创建就是以共建共享文明利益共同体为目标，以社会主义核心价值观为引领，通过文明城市的创建实践，文明信仰融入市民文明意识和市民行为，让市民群众在实践中感知领悟和自觉践行；同时，又注重将核心价值观文明信仰融入幸福民生工程，在城市现代性更新中体现出“物”的文明本质要求，塑造城市之魂，培育城市之德，使文明城市成为市民文明有礼、人际关系和谐、公共秩序井然、社会风尚良好的标杆。

（四）融入市民文明意识

要切实把核心价值观建设贯穿创建文明城市全过程，使创建工作更体现思想内涵和价值导向，更具有人文精神和情感关怀；要运用多种方式，在广大市民中持久深入开展中国特色社会主义和中国梦宣传教育，开展国家意识、法治意识、社会责任意识宣传教育，如杭州率先建立公共文明素质评价体系，出台《杭州市行为促进条例》，把斑马线礼让行人、禁燃烟花爆竹等“文明新风尚”写入法规，以制度刚性约束市民行为。用好技术的手段，发挥杭州信息经济发达的优势，办好“杭州网络文化节”，建好网络辟谣、政务发布等平台；用好文艺的手段，把核心价值观、道德模范、G20峰会、西湖山水等元素融入文艺作品和公益广告，以丰满、亲切、生动的艺术形象打动人、感染人，更加有效地引导人们的思想，规范人们的行为。还有厦门精心打造诚信街、好人路等文明示范点，推广“招招手您先走”“文明礼让斑马线”，在全社会形成了向善向上的强大精神力量。

（五）融入市民文明行为

价值观要真正发挥作用，必须融入市民群众的生产生活、学习工作和行为习惯，让市民群众在实践中感知领悟和自觉践行。内蒙古的包头以“德润鹿城　文明包头”系列主题实践活动为主线，把文明交通、文明旅游、文明餐桌等活动项目化；推动道德模范、“最美军工人”等评选活动品牌化、常态化；坚持把公共文明行为纳入地方立法。乌鲁木齐制定颁布《乌鲁木齐市公共文明行为条例》，明确倡导12项文明行为和禁止14项不文明行为，从道德弘扬上升到法治轨迹，坚持德法结合，加强惩戒和处罚，提高自律意识和他律自觉，强化都市文明教育养成；积极开展“文明交通、文明旅游、文明环境、文明服务、文明餐厅、文明上网、志愿服务、诚信建设”八大文明素质提升和养成。江苏宜兴市民遇到大雨，可以在全市电信营业厅轻松免费借伞、还伞。针对吸烟现象，宜兴及时开展吸烟有害健康宣传，强调在公共场所吸烟不仅危害自己和他人健康，更是严重影响城市的文明建设。

（六）融入幸福民生工程

海口坚持创建为民、惠民、利民、靠民的宗旨，每年投向民生支出资金占财政支出的75%，2016年投入100多亿元，改造小街小巷2 434条，打造15分钟便民生活圈40处、特色餐饮街10条，改造提升农贸市场39家。

许昌市区“脏乱差问题突出”，一度被戏称为“许脏”。为此，历届领导班子都引以为戒、惕厉自省，在城市管理上面推进精细化、智能化，实现垃圾资源化，树起了全省城市管理的“许昌标杆”。在智能化上力求“高效精简”，全市所有职能部门和17万多个公共设施全部被纳入数字化管理，年均受理事项40多万件，办结率100%，荣获“中国人居环境范例奖”，是全省唯一的“数字化城市管理示范城市”。

（七）融入城市治理

宜兴的市容环卫责任书明确要求门前责任“三包”。“三包”责任包括“包卫生”：无烟头、纸屑、瓜果皮壳和软包装等废弃物，无暴露垃圾、污物、污水、污迹，无渣土、碎砖杂草，无蚊蝇孳生地，按照规定设置环境卫生设施；“包秩序”：无乱设摊（含店外店）、乱搭建、乱张贴、乱涂写、乱刻画、乱吊挂、乱摊（晒）放、乱停车以及擅自占用绿地、损坏花草树木等行为；“包美化”：保持责任区内建筑物、构筑物外观美观、整洁，户外店牌店招、广告招牌、遮阳雨棚、空调外机安装、阳台封闭应符合规范和城市容貌标准；亮化照明设施符合相关要求，无残缺并按时启闭灯饰。

文明创建实践又是一种长期反复的训练。信仰的生命力离不开长期反复的养成，方能不断加深对信仰的理解、信奉和确证。在城市文明的创建实践中，要精心为民众创设表达文明信仰的各类载体，如志愿服务中心、党建服务中心、文化活动中心等。除了打造一流的文明空间、常态化开展一系列活动以外，还要注重解决民众日常的“急、难、愁”小事，注重对残疾人、因病致贫、失业人员等弱势群体的重点关注和关爱，用实际的物质、精神上给予的帮扶树立起他们对社会的理解和信任。同时，表达信仰的各类载体应当成为文明的标杆，处处体现出现代性的文明本质，应当展现出文明的言谈举止、文明的礼节礼貌、文明的着装礼仪、文明的生活方式，应当将文明体现在每一个细节，比如这些载体内的卫生间都应当是干净整洁的，应当超越社会普遍的文明水平，才能产生震撼人心的文明体验。上海世博会中城市最佳实践区给予我们以未来城市文明的向往，启示我们向着这个方向努力打造一个个表达城市文明信仰的载体，唯有如此，方能让城市市民受到环境和氛围的感染和影响，并在长期的训练中形成对城市文明的信仰。

第七章
华夏城市文明的新模式

党的十八大报告提出“坚持走中国特色新型工业化、信息化、城镇化、农业现代化的道路”。2013—2015年中央“一号文件”在强调加快现代农业发展时，又突出了“城镇化”的主题。2017年初，李克强总理再次强调，要扎实推进新型城镇化，深化户籍制度改革，实现进城落户1 300万人以上，加快居住证制度全覆盖。支持中小城市和特色小城镇发展，推动一批具备条件的县和特大镇有序设市。

未来5—10年中国的城镇化承载的含义远远超越经济领域，是推动中国走向第三次社会变革的历史性跨越。“十三五”时期中国要推进新型城镇化建设，有效载体就是文明城市创建，建设崇德向善、人文厚重、和谐宜居的文明城市。2005年以来全国文明城市创建实践证明：全国文明城市是展示华夏城市文明当代风采、传承和拓展华夏城市文明，引领当代华夏城市实现可持续发展的新模式。

一　“十三五”时期新型城镇化面临的挑战

中国的城镇化是以政府为主导、推动的，我把它分为以下四个阶段。

第一阶段：1950—1957年，取消了户籍制度，法律赋予公民有自由迁徙的权利，中国的城镇化可说是正常发展时期，城镇化率从

10.6%上升到15.4%。1958年开始，为了重工业化的需要，严格控制居民户口迁移，以户籍制度把农村人口长期禁锢在农村，尤其是“文革”期间的“上山下乡”导致城镇化率以年均-0.5%的速度负增长。

第二阶段：1978年，我国工业生产占GDP的比重已提高到48%，而城市化水平却只达17.9%，被称为“非城镇化的工业化”。

第三阶段：1984年“一号文件”开始允许农民自理口粮进城镇，1992年在大城市开始实行“蓝印户口”，使得1995—2000年城镇化连续五年以1.44%的速度增长。

第四阶段：进入21世纪以后，“十五”规划第一次把“积极稳妥地推进城镇化”作为国家重点发展战略，第一次把“工业反哺农业，城市支持农村，加大对‘三农’的支持力度”作为城镇化的目标。2001年改革“蓝印户口”，转而实行居住证制度。到2010年我国的城镇化率达到49.68%，已接近中等收入国家的平均水平。2016年中国城镇化率达到了57.35%。

“十三五”时期中国每年要有1 300万人落户城镇，面临以下六大挑战：

（一）资源约束给新型城镇化带来的挑战

我国是土地资源相对贫乏国家，人均国土面积不到1公顷，且地貌复杂，山地、高原多，平原少。同时，水资源约束问题突出。我国淡水资源总量占世界第六位，但人均占有水量为世界的1/4，是联合国列出的13个严重贫水国家之一。云南水资源开发利用率低，仅为5.8%，低于全国20%的水平。70%的水资源分布在边远山区，主要城市都分布在缺水地区，云南省人均供水能力只有359立方米，低于全国480立方米/人的水平。城市和城镇供水面临严峻挑战，城镇和城市缺水现象较为普遍。广大边远山区城镇的水资源开发利用也严重不足。

为了解决水资源约束问题，五十多年来在全国七大流域的江河上筑起了十多万个坝，但黄河断流、海河断流、黑河断流。两千多年前，李冰治水，建都江堰水利工程，主要由鱼嘴、飞沙堰、宝瓶口三大主体工程构成。三者有机配合，相互制约，协调运行，引水灌田，分洪减灾，“鱼嘴”，主要用于排洪；利用地形，完美地解决了内江灌区冬春季枯水期农田用水以及人民生活用水的需要和夏秋季洪水期的防涝问题。古人尊重自然规律、顺应自然规律建水利工程的成就，值得今人借鉴。

（二）发展规划缺失给新型城镇化带来的挑战

从欧洲城市发展规划理论和实践来看，欧洲之所以拥有独特的城市风格、辉煌的建筑艺术，就源自它们对城市发展整体规划的重视。欧洲的经验是：规划质量第一（即千年大计，规划第一），设计质量第二，建筑质量第三。规划首先是理念的规划，科学的理念是规划城镇过去、现在与未来，感受城市活力，展示城市魅力的基础。15年前我就提出了我国城镇发展规划的缺失表现：一是重城镇物质形态规划（即重城镇基础设施的布局和建设），轻城镇经济、政治、文化、社会规划研究，以至我国城镇建设中“百城一面”“欧陆风情”“政绩工程”等短期行为一直难以避免。二是重城市地面上的建筑设施规划布局，轻城市地下基础设施规划，以至一到下大暴雨，几乎所有城市都会发生道路、街巷被水淹现象，这与巴黎等大城市的地下设施建设不可比。

（三）城市拥堵、交通无序给新型城镇化带来的挑战

越来越严重的拥堵，是中国快速走向城镇化所面临的空间冲突、资源短缺和环境污染等一系列问题的缩影。现大中城市都拥堵，北京成为全国的“首堵”。客观原因：北京市中心区轨道交通线网总长

度和密度远远低于伦敦、巴黎、纽约、东京；更重要的是，北京人均道路面积相当低——2008年北京市人均道路面积只有6.2平方米，而几个大的世界城市都达到了10.7平方米甚至28平方米。主观原因：城市规划的预见性不足，城市产业布局的失衡，实际上已经埋下了交通拥堵的隐患，而当实际的拥堵问题出现后，再去对已有规划进行改良，结果只能是事倍功半。

为解决交通拥堵等城市病，东京市政府于2000年2月在东京市中心设置机动车限行或者限制区域，并决定于2003年实行过往车辆收费制，以减少拥堵区域的车流量。此外，东京对于违法违规停车的行为采取了绝不姑息的做法，一旦电子眼拍到有违规行为，车主将受到高额的罚款。伦敦市政府采取的另一个减少中心城镇交通流量的措施是控制个体交通的需求，主要是实行交通拥挤收费（Congestion Charging）政策。

（四）城镇公共服务短板给新型城镇化带来的挑战

当今中国“城镇化的短板又主要体现在户籍人口城镇化率不高”。城镇现有的7.5亿常住人口中，有2.5亿左右的人没能在城镇落户，没能享受到相应的公共服务，没有相应的市民权利。落户、就业、住房、社会保障和子女上学，被称为农民工进城难的五大关卡。如何克服五道关卡，实现农民工真正“进城”？上海的做法是均衡城乡教育资源，三甲医院在郊区开分院，等等。城镇、城乡最大的差异就是教育、医疗、卫生等公共服务，现在的趋势是，如果农民工不能在城市里解决身份问题，没有就业机会、享受不到公共服务，到40岁以后就要回到家乡去，如果回去的人比进来的人多，就会出现逆城镇化。

（五）城镇治理滞后给新型城镇化带来的挑战

快速城镇化导致的各种城市病，以及对城市病的治理成为政府与社会关注的焦点。事实上，无论是中国还是欧美发达国家，城镇快速发展中房价高涨、交通拥堵、人口膨胀、环境污染等各类城市病十分普遍，而且往往具有一些典型特征。

根据世界城镇化发展规律，当城镇化率在30%—50%时，城市病处于显性阶段；城镇化率为50%—70%时，城市病可能集中爆发。“我国正处于城镇化率30%—70%的快速发展阶段，又在短短30多年中走过了发达国家一百多年的城市化进程，因此，我国的‘城市病’往往是‘急症、慢症、并发症’共现。”[1]

城市数量不足是中国城市病的第一原因，日本每百万人拥有5个城市，而中国每百万人只有0.5个城市。从深层次看，我国的城市病还有政绩考核体系、财税体制不完善等体制机制性原因。一段时间以来，在过于看重GDP指标的考核“指挥棒”下，一些城市重项目轻承载，争抢大型项目，拒绝产业外移；一些城市重面子轻里子，宏伟的摩天大楼与脆弱的下水道并存，一遇暴雨就会造成内涝和交通瘫痪；还有一些城市亲商有余亲民不足，商业地产开发往往超出规划强度，致使周边基础设施容量不足。城市华丽而脆弱，城市病也就不请自来了。

发达国家的不少大城市已告别城市病。1910年，美国纽约人口不足200万，却遭受着严重的空气污染，只有5%的人活到60岁，20%的幼儿活不到5岁。如今，纽约大都会区人口超过1 800万，不仅治好了城市病，还获得美国最佳旅游城市桂冠。20世纪50年代，英国伦敦人口不足800万，却发生了世界上最为严重的烟雾事件。警察大白天要打着火把才能指挥交通，伦敦城里到处都是咳嗽声，一次烟雾事件，仅4天时间就造成4 000多人死亡。如今，伦敦大都会区人口超过1 200万，重现了蓝天白云。与之相反，国内一些二三线城市

---

[1]　李妍.评论：要城市化，不要城市病[J].重庆日报，2014-05-16.

却正在爆发城市病。“城市病与城市大小没有必然联系。再大的城市，只要规划合理、管理有力，城市病也会缓解；再小的城市，如果定位贪大求洋、管理混乱无序，也会爆发严重的城市病。”

“我国香港人口稠密，人均道路仅一尺左右，但在高峰期却不会大堵车，奥妙就在于精细化管理。”内地一些城市红绿灯时长固定不变，而在香港，政府经常调查每个路口在高峰期的车流量、每个灯放行的车辆数，进而灵活调整红绿灯时长；内地一些城市路面上很少见到交警，而在香港，不仅电子摄像设备密布，1 700多名交警还骑着摩托车四处巡视；香港还提高汽车的牌照费、停车费、燃油税和环境税，只有不足10%的香港市民每天开着私家车出行。

（六）产城融合度不高给新型城镇化带来的挑战

产城融合是指产业与城市功能融合、空间整合，打破“孤岛经济”，“以产促城，以城兴产”。因为产业是城市发展的基础，城市是产业发展的载体，城镇化与非农产业发展存在着内在的紧密联系。没有非农产业支撑的城市只能是空城，而没有城市依托，再高端的产业也只能空转。在产城融合中，要形成产业结构转型升级与城市功能优化提升之间的互促关系，既要以产业发展为城市功能优化提升提供经济支撑，更要以城市发展为产业转型升级创造优越的要素和市场环境，两者共同服务于人类文明的进步。

在我国，产城融合有不少败笔。如重庆的两江新区、双福园区、大学城等新城镇或新产业区的建设实践，无一不体现出较为单一的建成模式，或是偏重于居住而缺少产业，大学城只是清一色校园无产业；或是只有产业而没有城市功能。再如浙江义乌，创造了独具特色的“市场先发-商贸主导-产业联动”的“义乌模式”。但是，目前义乌产城融合现实与发展期望仍存在一定差距：产业空间填充开发、分布散乱，产和城融合关系不佳；以低端传统产业为主，对城市功能提升作用弱，生产和生活融合度不高。云南新型城镇化的产城融合，在规划层面应重点衔接四大关系：一是产和城的关系；二是生产和生活的关系；三是融合产业类型的关系；四是融合产业空间的关系。

二　全国文明城市是引领新型城镇化的新模式

创建全国文明城市的根本任务是培育与践行社会主义核心价值观，同时又是贯彻落实“五位一体”总体布局和“四个全面”战略布局的重要载体。它之所以能成为展示当代华夏城市文明风骨和魅力，推进和引领新型城镇化的新模式，主要原因如下。

（一）推进新型城镇化理想模式的历史选择

中国以及世界城镇化演进，出现了四种模式：

一是“商业模式”的城市。我国是最早产生城市的国家，但在我国古代文献中，“城”和“市”是两个概念。“城”是指有防御性围墙的地方，能扼守交通要冲，防守军事据点和军事要塞。古代与近代城市的“商业范式”，在本质上是与朴素的物质世界观相适应的；对物质世界的尊重，对城市人的生存与发展离不开物质生活，以及追求物质生活享受的世界观、人生观，客观上促进了“商业模式”的城市发展。

二是“工业模式”的城市。自18世纪中期开始至19世纪下半叶，先从英国开始，继而法国、德国、比利时、荷兰，接着是美国与加拿大，西欧和北美相继完成了工业化进程，在这一百多年间，也是西方城市发展最为迅速的时期。18世纪至19世纪西方国家的工业化，给西方城市尤其是大城市以最大的推动，既带来了城市的文明，又带来了污染、贫困、犯罪、拥挤、生态恶化等一系列生态环境问题。

这些城市问题也可以说是最早出现的城市问题，是人对自然资源肆意掠夺的结果，也是盛行于17、18世纪的笛卡尔主义及牛顿力学（机械）世界观的产物。机械世界观把整个世界当作一个机器，把人也当作一种机器，这种世界观直接影响整个工业社会时期。西方的人文社会科学家在批判机械世界观指导下的增长模式的缺陷，反思工业化给城市带来恩惠却又破坏了城市人居环境的过程中，1904年，法国、德国、荷兰、意大利、西班牙等国开始广泛实践1902年由霍华德提出的“田园城市”理论，以实现城市向人本化、生态化回归。

三是“生态模式”的城市。现代物理学所展现的世界观的特色可以说是有机的、整体的、生态的，它也可以被称为广义意义上的系统论世界观。生态危机唤起人类的觉醒，使人类开始反思工业社会所走过的路程，反思人类与自然的关系，开始钟情“生态城市”。“生态城市”建设在欧美国家的一些城市搞得比较火热。如美国西海岸的滨海城市伯克利、美国俄勒冈州的波特兰市，都成功地避免和解决了包括生态问题在内的许多城市问题。江西省宜春市在1986年就提出了建设“生态市”的发展目标，并于1988年正式开始生态城市建设试点工作。之后，有广州市提出建设山水生态城市、昆明市提出建设以人为本的生态城市，中新天津生态城建在一片盐碱地上。

四是“文明模式”的城市。20世纪末21世纪初，各国学者在反思“生态城市”的过程中，提出以新的思维方式认识“生态城市”，同时预言新的“城市范式”诞生。20世纪末以来在我国广泛开展的文明城市创建，正是这样一种与21世纪人类城市发展趋势相吻合、体现科学发展新理念的新范式，即“城市文明模式”。

文明城市包括物质文明、政治文明、精神文明、生态文明，其中精神文明是全国文明城市的根本。纵观当今中外城市，单纯依靠建设物质文明，决不可能实现“天人合一”的城市理想。例如，经济高度发达的美国最大城市纽约，物质建设可以说是全世界首屈一指，但仍被评为最不安全的城市之一。我国学者梁启超早期到美国访问，曾意味深长地慨叹:“天下最繁盛者莫如纽约,天下最黑暗者亦莫如纽约。”现代文明城市应是自然、经济、社会和谐的复合型生态平衡城市,是崇德向善、文化厚重、和谐宜居的城市,是富有市民凝聚力、归宿感和认同感的城市。

(二)引领中国可持续城镇化的制度安排

全国文明城市作为一种中国特色的城市化新模式,既是一种历史的选择,又是近二十年文明城市创建实践中形成的引导城镇实现可持续发展的制度安排。

1. 文明城市新模式的命名

对该模式的特征我们暂且以“文明”一词汉语拼音的开头“W”为标志[1],命名可持续城市化的新模式。以“W”命名中国特色的可持续城市化新模式,其优点在于:(1)它是对美国等国家A模式的“扬弃”,“W”也可看作两个倒过来的“A”;(2)“W”模式第一次找到了一种“城市化”与“城乡一体化”的互动模式;(3)“W”模式是在坎坷发展过程中不断完善的。“W”模式既表证“城市”(城镇)本身是一个系统,或者说是一个复杂的巨系统,又要求我们以系统的方法研究与揭示“城市”系统的演变。

2. 文明城市(“W”模式)是一个复杂的巨系统

(1)文明城市的特质

文明城市的基本特点有三,即城市的形态文明、功能文明、素质文明。城市的形态文明是文明城市的形象,功能文明和素质文明则是文明城市的内在本质特征,它们既相区别又相联系,从不同的侧面展示文明城市的风采。文明城市是城市的形态文明、功能文明、素质文明的有机统一。

---

[1] 本文之所以不用英文的“civilization”命名,因为英文的“civilization”主要相对于野蛮、落后的未开化状态而言,无法涵盖当代中国“文明城市”的丰富内涵。

(2)文明城市测评体系的性质

《全国文明城市测评体系》是对城市文明以及文明城市创建活动、创建绩效的全面系统的测评。

该系统模型作为文明城市创建实践与绩效的系统状态、结构与功能的简化模型,是开放式的。它是可以由计算机进行实验的模型,可以随着文明城市创建实践的需要与水平的提高而修正、完善,引导全国文明城市的创建活动不断跃上新的台阶。

(3)文明城市测评体系的功能

为什么说文明城市测评体系是一个具有系统结构功能的综合系统模型?因为该系统模型(或者说"W指标体系模型"),具有以下三大功能。

首先,第一次找到了一整套系统的并被2005年、2008年、2011年、2014年、2017年全国第一、二、三、四、五届文明城市评选表彰实践证明是可行的,描述与考量文明城市创建绩效的量化方法。马克思说过,任何科学只有发展到能成功地利用数学时,才算获得了真正的发展。量化方式在《测评体系》中的成功运用,不仅在全国文明城市、文明城区创建实践中是开创性的,而且在社会科学的研究中,也可以说是第一次找到了一条以"指标体系"模型为量化方式运用于复杂的巨系统对象研究的途径,这在促进社会科学的量化研究方面具有重大的理论价值。

第二,"W指标体系模型"作为把握文明城市(城区)的一种模型,它旨在通过不同的指标来反映文明城市(城区)中提炼出来的概念,进而客观、全面地把握和反映文明城市、文明城区的创建绩效。"W指标体系模型"舍弃了文明城市创建活动中的许多具体环节和细节,着重于从本质上,从系统全面的意义上,反映和表达文明城市创建活动中的各种关系、环节,并随着文明城市创建实践的需要与水平的提高而修正、完善,先后形成了2005版、2008版、2011版、2014版全国文明城市测评体系。

第三，“W指标体系模型”是对政府主导、政府组织动员市民百姓和各种社会力量参与文明城市创建的制度设计、制度规范。城市的文明和谐发展需要制度的保障。但是制度如何设计？如何规范？如何真正发挥制度对城市文明和谐发展的保障作用？从2002年开始研制《测评体系》到2005年–2014年运用该体系模型测评文明城市的实践中，我体会到，该模型又是对城市文明和谐发展的较成功的制度设计、制度构建。

为什么这样说？因为该体系已将中央文明办、中央综治委、中央纪委、公安部、住建部、教育部、文化部、民政部等中央40个部委办的指标纳入《测评体系》，这就保证了中央各部委办的指标要求，通过各城市相关的委办局主体，使城市文明和谐发展的要求得以落实。这是一种以“测评指标”为桥梁，整合国家与地方资源同创共建文明城市、促进可持续城市化的制度设计。

（三）全面系统引导城市走向可持续城镇化实践的新模式

全国文明城市测评体系为了更好地回应新型城镇化面临的八大挑战，突出对各城市转变发展方式，引导城镇避免“不文明发展”带来的负面效应。

党的十九大报告在强调贯彻落实科学发展观，全面落实“五位一体”总体布局的过程中提出，要“不断开拓生产发展、生活富裕、生态良好的文明发展道路”。这既延续了党的十六大报告以来关于“文明发展道路”的精神，又将不断开拓“文明发展道路”作为中国未来实现科学发展、促进社会和谐、增进人民福祉的根本。

当今中国新型城镇化的“不文明发展”，集中表现为以下五个方面：

一是无主体的发展。20世纪50年代，以圣卢西亚共和国学者刘易斯为代表的“发展经济学”，把发展看作是物、产品、经济增长；20世纪70年代，美国学者托达罗总结了70年代以前把“发展”视为一种经济现象的缺陷，强调发展应包括消灭贫困、缩小不平等、关注社会结构等社会方面的变化。以后西方学者不仅区分“增长”和“发展”是两个不同的范畴，而且强调发展的五个目标：“增长、公平、民主、稳定、自主”。改革开放以来，中国在邓小平同志“发展是硬道理”思想指引下，经济与社会发展取得了突出成就。但是随着市场经济的不断深入，很多地区和城市把GDP“增长”、城镇化速度当作“发展”，结果“发展”成了“见物不见人”，见农村变城镇、农民被上楼，但不见农民市民化的发展，也就是“无主体”“无宗旨”的发展。

二是不人道的发展。如果说早期资本主义的发展（原始积累），充满了血腥、暴力、掠夺等“不人道”，那么，今天我国发展中的无“人道”则表现为不讲良心、不讲道德、不讲人性的假冒伪劣、坑蒙拐骗，从奶粉中的三聚氰胺、地沟油、毒馒头，到西瓜膨大剂、白酒中的塑胶剂，再到吉林长春长生公司问题疫苗案件，等等，以至人人谈到“吃”“吃什么”“怎么吃”就会感到惶恐、不安，各种的“诚信”危机又进一步演变成社会的“公信力”危机。所以，创建文明城市突出引导城市的社会诚信，社会信用体系建设。

三是不公正的发展。当今中国政府高度重视发展中的公平正义。但是，我国提出“公正”、走向“公正”的发展，已为此付出了代价：1. 垄断行业的高门槛，使中小企业无法进入，无法打破“垄断”；2. 分配不公的现象仍较突出；3. 经济越发展，给弱势群体带来的“尊严”缺失越多，弱势群体常常为“五斗米”弯腰，农民工及其子女在就业、就学、就医方面的不公正待遇仍然较广泛存在；4. 以“土地财政”为核心的“资本化”驱动，导致城市核心地区的“公共空间”成为少数人的专利；5. 发展的代际公正缺失现象突出，大多数地区透支后代人土地资源的“寅吃卯粮”式发展，透支后代人资源的竭泽而渔式发展，是缺失公平正义的发展。

四是不均衡的发展。党的十八大以来报告强调，中国最大的国情、最大的实际是处于社会主义初级阶段。正因为处于社会主义初级阶段，所以我国发展的不平衡、不均衡现象突出，不仅经济一条腿长、社会一条腿短的现象没有解决，而且社会短腿问题越来越严重；城乡二元结构矛盾仍然普遍存在。

五是不幸福的发展。世界范围"幸福指数"的调查结果显示，发达国家"幸福指数"反而不高，收入财富增长了，幸福感受不一定因此上升。2006年，英国"新经济基金"组织了一次涉及178个国家和地区的"幸福指数"大排名。结果，名列榜首的是太平洋岛国瓦努阿图，一批发达国家反而排名靠后，八国集团无一进入前50名，英国和美国分别名列第108位和第150位。这说明，发达不发达并非提升"幸福指数"的决定因素。为了GDP的增长而发展，为了城镇化的速度而发展，对大多数农民而言可能是"不幸福"的发展，国民幸福指数也不高。

以上五个方面，大致概括了不文明发展给新型城镇化带来的种种负面影响。可持续城镇化就是要让大多数人民群众能享受发展的成果，就必须走文明发展道路。全国文明城市作为一种中国特色的新型城镇化模式，将落实"五位一体"总体布局，以新发展理念为指导，转变发展方式，引导城镇走文明发展道路转变为不同的测评内容和测评指标，并通过二十多年来的创建活动的体制机制促进可持续城镇化。

三　创建全国文明城市，推进中国新型城镇化的实践路径

在31个省区市中，除了上海、北京和天津之外，江浙的城镇化水平相对较高，要借鉴江浙的新型城镇化经验，以创建全国文明城市为载体，推进中国的新型城镇化的路径。

（一）在落实农民土地财产权过程中，推进产城融合的新型城镇化

产城融合的过程又是一个农民市民化的过程，为此，一是在法律上明确农民土地的物权属性；二是从法律上赋予农民宅基地使用权的完整产权；三是在政策上突破农村土地承包权只能在集体成员内部流转的规定。这样，才能在提升农村土地价值、严格保护农民土地使用权的同时，吸引社会资本进入农村农业；四是打破城乡建设用地市场分割，统一城乡用地市场。打破地方政府行政独家垄断供地的格局。尽快建立公开、公正、公平的统一交易平台和交易规则，实现市场主体平等，让市场供求关系决定价格形成，实现同一交易平台、不同主体平等供地的局面；五是到2020年让城乡二元户籍制度成为历史。到2020年基本建立以身份证号为唯一标识、全国统一的居住证制度，并使人口城镇化率（即居住证率）达到50%以上，由此基本形成人口城镇化的新格局。与之相适应，要推进人口管理理念、人口管理制度、人口管理主体的重大变革。

（二）以形态、功能、素质“三位一体”的城市文明为取向，提升新型城镇化的品质

据我们对浙江、江苏以及海南省一些县级市调查，除了江苏的张家港，城市的物质文明与精神文明协调发展，城市形态文明、功能文明和素质文明均为国人公认之外，无论是江苏的常熟、宜兴等还是浙江的萧山、宁海、余姚等，不仅城市的环境还存在不少脏乱的死角，而且管理还无序；海南的东方、琼中、澄迈等市县，更是脏乱差。十年间，浙江的城镇化从56.5%上升到65.8%，每年差不多增长有一个百分点，但是城镇化之后并没有体现出城镇应有的形态文明，原因就在于“三重”“三轻”：“重”建设，“轻”治理；“重”面子，“轻”里子（功能和素质）；“重”数量扩张，“轻”质量提升。

以形态文明、功能文明、素质文明为导向的全国文明城市创建，为新型城镇化注入了内涵和品质，克服“三重”“三轻”，引导新型城镇化注重内涵和品质建设。

（三）中小城市和特色小镇的培育，关键要彰显城镇的精神

全国各省区市在深入推进新型城镇化建设中均以加快培育中小城市和特色小城镇为抓手，推进新型城镇化。2017年3月24日，中国新型城镇化发展高峰论坛暨特色小镇合作开放大会在北京举行。中国特色小镇培育发展联盟也在本次大会上宣告成立。从发达国家的经验来看，特色小镇已经成为城市化一种重要的模式，居住在特色小镇已经成为许多人的追求。这些小镇既提供了中心城镇不可能提供的优越的环境，又在经济中发挥着重要的作用。要搞好特色小镇建设，就要对特色小镇建设做好可行性研究和总体规划，保证建设的科学性。

2000年以来，在快速城镇化进程中，为了避免千镇一面，全国各地搬来了不少山寨西方建筑。2014年的《图片报》称，“报道惊呼，大连市有一座豪华酒店，其外观、城墙和塔楼与德国最著名的景点‘新天鹅堡’的风格惊人相似。中国已经打造了一条复制建筑的流水线。”2017年底，英国媒体突然发现，他们引以为豪的地标建筑惊现于远在9 000公里之外的中国苏州，而且据称比正版伦敦塔桥“更宏伟”。苏州版伦敦塔桥有四个塔，比正版多了两个，还安装了电梯。英国人对于中国山寨伦敦塔桥的看法，“我觉得（中国复制伦敦塔桥）挺好玩的，建得再像，毕竟不是真的。再说，这可以扩大英国的国际知名度，所以我并不反对。”“伦敦塔桥可以在包括中国在内的世界任何地方被仿造和山寨，但其灵魂和文化底蕴无法被拿走。只有伦敦才拥有它的精神内涵。”

还有，天津武清在原棉花地上建起约20万平方米佛罗伦萨小

镇；看起来有点阴暗的重庆市卢浮宫；在广东惠州“秘密复制”奥地利湖畔小镇哈尔施塔特，让奥地利人目瞪口呆。

德国《明镜》周刊当时称，“作为最擅长抄袭的国度，中国人已经不满足于仿造iPhone这些小东西……这次，中国建筑师用照相机把哈尔施塔特的所有建筑细节拍了下来，照葫芦画瓢，硬是把整个小镇照搬了过去。”

目前，中国有“十个白宫，四座凯旋门，两座狮身人面像和至少一座埃菲尔铁塔……”但特色小城镇不仅要体现历史文脉的延伸，中华文明的传承，更应张扬不同城镇的精气神。

都市都有其外在形象，从民居、建筑、街道到都市文化景观，都是都市的一张名片，是都市给人的第一整体印象。巴黎、纽约、伦敦、东京、悉尼等国际大都市，都有其不同的个性和魅力。这些城市的不同个性和文化魅力，既是不同城市的历史记忆、历史文化的积淀、历史文脉的延续，也是不同城市的居民在千百年来的交往实践中所形成的理想、信念、价值观与行为方式，在城市文化中的折射和聚焦，又是不同城市居民对自己喜爱的城市生活与文化样式的创造。正是这种历史文化、历史文脉和不同城市的文化样式，才向世界展示出不同城市的文化个性和文化魅力。

我国的一些历史文化名城，之所以成为世界各国人民旅游、观光的首选，在于其特色鲜明、令人难忘的文化形象。如前所述，银川市是中国独一无二的“高原湖城”；杭州则是个柔情似水的城市；哈尔滨这座风雪弥漫的城市有许多雅号，像丁香之城、教堂之国、东方莫斯科、东方小巴黎；武汉是一颗珍珠，长江便是那根串珠之绳，从武汉穿心而过。它在龟山脚下挟带着汉水，将武汉的地面切割成为三个大镇：汉口、武昌、汉阳；长沙有很多的街名都是相当好听的，“一步两搭桥”“平地一声雷”“水月林”“落星田”“赐闲湖”“定王台”“南倒脱靴”……这些街名让人对流逝的岁月遐思无限。

所以，大中小城市和特色小镇建设，既要重视城镇的“形态”，更要重视城镇的文化精神，使城镇的“形态”与“神态”融为一体，城镇的创新、人文与生态融为一体，城镇的物质文明与精神文明协调发展。2017版《全国文明城市测评体系》秉承上述思想理念，将“道德精神”“志愿服务精神”“人文精神”“文明意识”以及“规则意识”融汇于文明城市创建。这样，特色小镇将以独特的“形”和“神”，彰显其令人向往、令人难以忘怀的气质和品位，而永远载入中国城镇文明的史册。

第八章
华夏城市社会革命

由华夏城市文明演进可知：秦汉时期形成了全国统一的郡县城市网络。秦汉之后直到宋辽金元时期的城市发展是华夏城市文明演进中重要的城市革命期。华夏古代城市文明向近现代文明的转变，在城市的性质、规模、地区分布和城市面貌方面都发生了深刻的变化。但是华夏城市近现代文明的形成是以血与火为代价的。新时代传承和光大华夏文明、华夏城市文明，不仅要推动城市的物质文明与精神文明协调发展，而且要破解土地资本化积累的社会风险，促进城市管理方式、社会治理方式、发展方式的变革需要。

一 引导城市走出土地资本化驱动社会风险的革命

改革开放以来，中国城市化取得了发展成就，城市化率逐年提升，是中国经济增长的有力引擎。但是财政部最新统计表明，2017年国有土地使用权出让超过5.2万亿元，同比增长40.7%，仍占地方财政收入的57%以上。[1]以土地财政为核心的城市的土地资本化发展逻辑，因其内在的逻辑缺陷，造成了手段和目的的关系扭曲，城市市

[1] 参见财政部发布的《2017年财政收支情况》。

民的幸福感、获得感，并没有因为城市的扩张、高楼的林立、马路的拓宽而提升，反而积聚起巨大的城市社会风险，这与新发展理念以及新时代城市发展要求相违背。

（一）土地资本化驱动下的中国城市社会风险

1. 土地财政促进城市空间快速聚集和扩张，因社会公平缺失引发社会风险。由土地财政驱动的城市空间的快速城市化，导致社会公平公正的缺失：其一，城市化进程中农民的失地、失业、失居现象增多，常常引发上访等群体事件。其二，社会阶层随空间的分化，出现社会群体的间隔化、区域化、边缘化现象，不同的社会群体常常发生冲突。其三，城乡间的环境公平问题，虽然城市环境状况在整体上有所改善，但农村的环境污染和生态破坏却愈演愈烈，大批落后的、污染严重的工业项目和生产设施向农村快速转移，工业废水不加处理直接排放到流经农村的河流，大量城市废弃物和垃圾“下乡”，造成了严重的环境污染。

2. 土地城市化快于人口城市化，被城市化的农民和农民工虽然与城市居民缩小了空间距离，但因就业和生活被边缘化，而加大了社会距离、心理距离，进而可能引发社会风险。地方政府对土地财政的依赖推进城市化的加快，千方百计把农民土地变为建设用地，一些农民“被上楼”，一些村庄变为城镇、开发区，违法拆迁、暴力拆迁时有发生。同时，被城市化的农民工由于就业和权利缺乏保障而产生不平等感、被剥夺感，在快速城市化中找不到被尊重的感觉，容易对社会产生不满和仇恨情绪。

3. 城市基础设施、城市管理、城市社会保障跟不上快速城市化发展需求而引发社会风险。其一，城市基建隐患引发社会风险。虽然在快速城市化进程中，地方政府加大了基础设施投资力度，但还是跟不上发展需求，因为土地资本化的动力机制刺激地方政府将更多财力投向征地、城市形态和城市扩张，而忽视地下管网、背街小巷、城乡结合部等城市“隐形”地带。其二，传统管理模式引发社会风险。城市化进程中普遍“重建设”“轻管理”，经济建设超前、社会建设滞后，城市管理跟不上发展需求，传统思维惯性约束，管理者面对许多新问题束手无策，而被管理者面对管理者的无能也无可奈何，因此双方常常发生冲突。其三，人口的城市化严重滞后引发社会风险。城市社会保障跟不上城市化需求。大量在城市从事产业劳动的农民工，虽然长期在城市从事产业劳动，但仍是农业户口，为城市发展作出贡献却不能参与成果分享，在居住、医疗、社会保障、子女教育等方面享受不到与城市居民同等的待遇。

（二）以文明城市创建引领新型城镇化，破解土地资本化的困境

从上述分析中可以看到，土地资本化不是一个孤立的经济学问题，它折射出在高速城市化、工业化进程中土地巨大的增值收益在各级政府、政府各部门、房地产开发商、农民、城镇购房者之间如何分配，各方如何博弈以及由此衍生的种种经济社会问题。

2015年，中央文明办下发了面向全国两千多个县级市和县的《全国文明城市测评体系》，该体系以《全国城镇体系规划（2006—2020）》为依据，按照2014年7月出台的《国务院关于进一步推进户籍制度改革的意见》，从乡风文明建设、经济民生建设、社会环境建设、社会文明建设等五个方面，全面系统地设计了农村人口转移、土地合理利用和保障农民权益、农村基础设施建设、农村社会环境建设，防止各种污染以及中小城市的特色镇建设等测评指标和测评标准，破解土地资本化的问题。

县级城市测评体系还突出将小城镇健康发展，防止特大城市面积过度扩张、人口过度膨胀，作为从根本上控制好土地利用节奏和布局，有序引导土地资本化的进程，降低大中城市发展对土地财政的依

赖。同时,测评体系还突出要求建设公共服务型政府,推动优质教育、医疗等公共服务资源向小城镇配置,为构建健康有序的城镇体系奠定基础。

着眼于民生幸福和公共服务的文明城市创建,地方政府应当主动将乡村振兴与新型城镇化统筹协调、系统谋划,建立完善"符合农村特点、激活土地资源、保障农民利益"的土地资本化可持续运行机制,合力解决好"三农问题",防止过度城市化对乡村利益的侵害。

二　文明城市创建是变革城市管理方式的革命

2005年以来的全国文明城市创建,突出主次干道、商业大街、背街小巷等环境卫生、门前三包、车辆有序停放的测评。为了提高发现问题点位和及时整改的能力,2005年北京东城区率先在全国推出了网格化管理。以后,网格化管理在全国广泛推进,数字化、云治理等不断应用于城市管理,这不仅是为了应对全国文明城市的测评,更重要的是不断提高城市现代化管理水平。所以,2017版《全国文明城市测评体系》也与时俱进地增设了"城市精细化管理"测评内容,对城市提升精细化、智能化管理水平进行测评,创建城市管理方式的革命性变革。

(一)形成提升精细化管理的新理念

1. 复杂系统理念

环境建设管理作为一个复杂的系统,它是一个由多重建设管理对象,由道路、商场、集贸市场、社区等生态环境、市容环境多重管理目标、多重建设管理手段组成的复杂系统。因此,环境建设管理中的难点、顽症,从某种意义上说是单一的建设管理思维、单一的建设管理目标、单一的建设管理手段造成的。确立复杂系统的理念,就是要将城市环境作为一种复杂系统来认知、来协调、来统筹。

2. 有机过程的理念

西方后现代思想中一个值得重视的理念是：世界是一个过程，是有机体自身演变与发展的过程。澳大利亚生态学家Andrewartha（1954）认为，生态学是研究有机体的分布与向度的科学，强调了对种群动态的研究。湖南益阳在环境建设管理中引入“有机过程”的理念，一是要把城市环境看作一种城市生态环境，研究城市环境管理的合理分布、动态机制；二是要研究构成城市环境复合系统之间各要素（道路、商场、集贸市场、社区等）之间的协调、平衡发展，即不能因为集贸市场的问题而影响整个城区的市容环境；三是城市生态环境管理作为一个过程，是一个不断完善和创新管理思路、手段和方法的过程。

3. 量子思维理念

环境建设管理是一个动态的概念，因为建设管理对象的时空界限是变动的，建设管理对象的内涵与外延是不确定的。因此，城市环境建设管理要学会运用量子思维方法破解测不准、把不住、难作为的特大型城市中的社会生态问题。社会生态具有复杂性、多变性、反复性、长期性等特点。一个城市的社会生态文明、有序了，城市环境的难题就破解了一大半。

（二）拓展精细化管理的新思路

1. 借鉴新加坡在城市管理方面的发展经验

新加坡是一个城市国家，国土面积约710平方公里，人口约500万，人口构成华人占74%，马来人占14%，印度人占9%，其他占3%。平均每户人数3.6人，平均国民收入是3.5万美元，排名在世界上处于比较靠前的位置。新加坡被公认为管理好、环境好、污染少、秩序好。实际上，还在20世纪的六七十年代，新加坡贫穷落后。

新加坡在1965年立国之前，发生了两件事情：第一件事，1961年组屋开始建设，组屋建设完成之后，很多老百姓不愿意搬离他们所建的贫民窟。当1961年的时候，在冲突之间发生了一场大火，这个火势非常大，死伤一百多人，贫民窟被烧掉了，烧掉之后很多居民不得不搬离了贫民窟。第二件事，1964年新加坡华人和马来人发生冲突。后来这个事情平息之后，新加坡在发展组屋之间又加入一些原则，所有新建设的组屋按人口比例分配给华人、马来人、印度人。新加坡以后的组屋都是按照这个原则分配，这个原则将所有的种族都照顾到。所以组屋制度有效地帮助政府实现了民族和谐。

过去，在中国、在世界上均是："先经济发展，后社会治理""先经济、后环境"，这种做法是非常普遍的。新加坡一开始就在发展中看到了社会问题，而且不仅是建设了这么多组屋，同时注意到了要把新加坡的城市环境治理好，把绿化做好。在经济发展的同时兼顾环境，兼顾社会，使社会贫富差距在发展中逐步缩小，而不是逐步变大；这已经超出了城市管理范围，并且牵扯到社会经济的发展。

2. 借鉴北欧在城市管理方面的发展经验

北欧在城市管理方面的许多做法有特色，值得我们借鉴的主要有以下四个方面：第一，城市规划建设严谨。北欧城市街道两旁的建筑物整齐规范，从外观颜色、建筑高度、临街设置上无一不体现了古典美与现代文明融为一体的北欧城市古朴特色，也充分照顾和满足了公民的各种需求，城市规划严谨，城市功能和市政基础设施完备，城市建设突出了自然景观与人文景观的有机结合。

第二，主动引导经商摆卖。北欧国家没有乱摆乱卖和无证经营现象，主要在于政府的科学管理和主动积极的引导。城市中所有的流动摊档都持照经营，且设置合理，摆放整齐，管理有序。市政厅对商贩的经营管理在时间、地点、类型上都有要求，每一个商贩都必须持照，在规定的时间、指定的地点经营。对需要办照经商的公民，政府则主动积极地给予指导、引导，市民申报经营执照容易，办理执照手续简单方便。城市严禁乱摆乱卖和无照经营，市政厅执法人员每天实施日常检查监督，一经发现有乱摆乱卖和无照经营者，通知警察带回警署处理。

第三，规范商铺占道经营。对商铺占道经营的规范化管理是北欧城市管理的一大特色。各城市的商业步行街普遍性的占道经营，商店为方便市民和游客随意选购，占用店前的部分路面展示商品，商品则明码标价，摆放统一、整齐、美观。据了解，北欧各城市政府允许占道经营，一是考虑到商铺的内部空间有限；二是方便游客和市民；再者因为北欧的阳光极为珍贵，人们舍不得让阳光白白浪费，坐在街边饮茶，慢慢品尝小吃、咖啡、啤酒，或休闲静坐，充分享受阳光和生活。

第四，工地管理的人性化。北欧城市的建筑工地、房屋维修装修工地、市政道路开挖维护工地、垃圾与淤泥清运点的管理，规范有序，注重安全，讲究人性化。建筑和房屋维修、装修工地普遍采用牢固的特制钢管架棚，外用白色的尼龙丝网遮蔽，看上去整洁、美观，地面的施工机械、设备材料，则用钢制栅网围蔽。临街工地，在不影响行人和车辆通行的情况下，允许占用部分市政道路，外用钢制栅网围蔽、内用高于两米的彩色纤维板或木板遮蔽，并设有明显的安全标志。市政道路开挖与维护工地，因临时性，一般用标有市政道路施工标志的专用栅栏板或水马围蔽，简单实用又美观。

3. 上海城市精细化管理的思路框架“一核三全四化”

上海把深入推进城市精细化管理作为体现四个“新作为”和建设卓越的全球城市的重要方针，紧紧围绕让城市更有序、更安全、更干净的目标，牢牢把握核心是人的原则，积极贯彻全覆盖、全过程、全天候的要求，加快构建法制化、智能化、标准化、社会化的精细化服务体系，注重精准施策，注重服务民生，为中国城市建设和发展贡献上海经验。

（1）牢牢把握一个核心：市民需求。上海作为超大城市，人口基数巨大（常住人口总数为2 419.7万人），结构复杂（其中户籍人口1 439.5万人，外来人口980.2万人；户籍人口中60岁及以上老年人口数量超过400万，占比接近30%。此外，上海还存在高收入阶层、中产阶层和中低收入阶层等不同阶层以及一定数量的外来人口），产生了数量巨大却又多元化、多层次的公共服务和城市管理需求。

这些要求上海在满足、回应市民需求的过程中必要实施精细化管理。如交通大整治、“五违四必”等工作就是为了解决市民关注度最高、反响最强烈的突出问题。同时，在环境整治中不能简单一拆了之，而是要疏堵结合，如有些大众夜市还承担一定的城市功能，需要相关部门在整治的基础上再精细化安置。

（2）积极贯彻三个要求：全覆盖、全过程、全天候。全覆盖是指要覆盖上海城市的全部空间、区域和人群。上海高楼林立，拥有各类建筑约12亿平方米；承载了2 400多万人口的生活地下管道川流不息。累计埋设给水、排水、电力、燃气、信息通信、热力、航油管通七大类23种，地面公交运营线路1 257条，已开通运营的地铁线路十几条。

（3）加快夯实四大手段：法治化、智能化、标准化和社会化。法治化：就是要强化依法治理，运用法治思维和法治方式解决城市治理顽疾难题。上海实施交通大整治正是通过依法严管，及时细化完善有关法规与规范，巩固整治成效，使得规则意识和法治精神成为上海城市交通运行的最有力保障。

智能化：就是要运用信息技术手段推进城市管理制度创新、模式创新。上海首先要做好基础数据库，尽最大可能消除信息孤岛，要进一步夯实人口、土地、法人、建筑物等基础数据库，同时要完善12345市民热线、交通、治安、民政、银行、资源环境、基础设施等关键数据库。实现全面、动态、实时、互联互通和共建、共享、共管、共用。如在后台联网的基础上，上海可以率先实现身份证、社保卡、交通卡、驾驶证、居住证等卡证的统一集成。

标准化：就是建立健全城市管理标准体系，为细化管理提供标尺和依据。目前，上海城市管理的标准建设还存在“缺、低、散、虚、粗”等问题。如城市景观空间管理标准化体系中管理、服务、信息化等标准缺失，某些管理存在边界不清导致出现多头管理或管理缺位现象。绿地质量的评价标准、绿地建设和养护相关定额标准缺乏量化考核指标，全凭感性判断。相比之下国外的城市管理标准就更加细化，如东京的街道设计导则中详细规定了房屋外立面的颜色和风格。

社会化：就是通过政府主导，企业单位、非营利组织和社会公众共同参与管理。城市精细化管理是“协奏曲”不是“独奏曲”，在政府职责到位的同时，也要求社会多元主体尽职尽责。但是，当前上海市民主动参与城市管理的意识还不够高，如在垃圾分类处理、小区环境治理等方面，市民参与和配合的意愿还相对不高；参与的渠道仍然有限，很多城市管理工作还未能制度化。

同时，在城市管理中还要进一步发挥社会团体和企业的作用。如在社会治理创新中，上海就依托区域化党建把驻区单位、社会组织纳入基层治理框架，通过购买服务、门前三包、资源共享等方式调动了社会组织和企业的积极性。

三 文明城市创建是变革社会治理方式的革命

（一）应用“云治理”，促进社会走向和谐有序

伴随快速城市化而出现的人口快速集聚、公共资源短缺、交通拥堵等而引发的城市病，新型社会风险、大数据和智能化对社会治理的观念、方式和机制等都提出了挑战，尤其是传统的社会管理方式无法把握大数据时代社会治理的精确性，无法满足不同社会主体的多样化、差别化需求，当政府作为唯一的社会治理主体，囿于手段及力量

的有限性，对城市社会治理的问题、服务需求，再不能依赖抽样调查或局部数据。

文明城市创建对每个城市交通路口的治理水平，不仅要看实地，而且要看“智能化”交通路口管理的视频。通过对路口前一个月五天内数据的统计分析，发现问题，找到针对性的解决问题的方法，不断提升城市社会现代治理水平。因此，文明城市创建将大数据、“云治理”方法纳入测评，逐渐变革一个城市的治理方法，本质上不是要拥有或显示“一大堆数据”，而是为了更好地应用“大数据”“云治理”；引导城市社会走向“和谐有序”。

（二）诚信：社会和谐有序的基石

文明城市创建还通过社会信用体系建设，广泛开展“市民公约”“行业规范”“职业守则”等教育实践，将“和谐有序”的社会治理目标要求，融入个人、政府、社会以及不同的市民群体。

“民无信不立”，诚信，曾是传统中国儒家倡导的最高美德之一。但是当今中国社会的信任危机，仍未被根本扭转，集中表现为以下六个“不信任”：(1) 对商品的不信任。1998年中国市场上充斥的假冒伪劣商品总值曾超过1300亿元；每年打假行动成绩显著，但是一直难以杜绝，以至过了19年，公众还是不敢在国内购买各类名牌商品，大量外汇留在国外，即使是国内的名牌烟酒、名牌保健器材、保健品也不敢相信。原来文明城市创建要求有一至两条“百城万店无假货”的商业街，现只能改为“诚信示范街”“诚信示范店”。(2) 对服务的不信任，保险产品不保险，上市公司的报表作假，使人望而却步；对商店、医生的热情服务，公众心里的疑惑是：他们真的是在给我服务、治病吗？(3) 对专家的不信任，前些年有关学术造假、文物界的“金镂玉衣”造假案等，已使公众对纯洁高雅的学术，对文物鉴定权威也感到难以相信了。(4) 对慈善的不信任，由于郭美美事件，使中国的红十字会信誉大受影响，至今中国的红十字事业仍面临公信力挑战。(5)对人与人之间的不信任，这是近十多年来，人们被“假药”“假奶粉”“假酒”“假烟”“假话”“假唱”“假文物”“假夫妻”等害苦、害怕了，不知哪些是真的？不知人间是否还有“真情”？乃至有人说，现在只有“假肢”“假酒”是真的，“假话”是真的；人与人之间的信任度跌至历史的低点，在朋友、亲戚、夫妻之间也出现了深深的裂痕。(6)对政府的不信任，公众不仅不相信警察、城管执法，而且不相信政府处理动拆迁、突发事件、公共安全过程中的公信力。

新加坡国立大学东亚研究所所长郑永年在《不信任砌成中国墙》一文中说，中国没有“柏林墙”，但由高强度的“不信任”砌成的“墙”却存在于社会各个群体和各个角色之间，在政府和人民之间，在穷人和富人之间……不一而足。

全国文明城市测评体系，引导文明城市在“推进诚信建设制度化”测评内容中，设置了“社会信用体系建设”“诚信奖惩制度”“诚信教育实践”“文明诚信服务”四项指标、12条测评标准，要求从政务诚信、商务诚信、社会诚信、司法信用以及“信用信息”共建共享、联合惩戒等方面全面测评，全面践行社会信用体系，引导文明城市首先作为“社会信用”建设的示范城市。上海作为现代化国际大都市领先国内其他城市的一个重要标志：上海是一座讲信用、重信用的城市。

（三）规则：社会和谐有序制度建设的媒介和纽带

规则是维系社会秩序、社会制度的媒介和纽带，社会秩序与社会规则具有内在的因果关系和一致性，社会秩序总要依托一定的社会规则予以实现，没有规则，就没有社会秩序，“社会规则是社会秩序的内核”。[1]哈耶克将社会秩序分为自发秩序和人造秩序两种，前者指

---

[1]　邢建国.秩序论[M].北京：人民出版社，1993：32.

向一种非经个人或权威机构设计的、自我生成的内部秩序，是人之行动的非意图的后果；而后者则是源于外部的秩序或安排，是人有意而为的一种产物。自发秩序与人造秩序的区别在于，前者具有内部自发性，而后者则体现了外部强制性，但无论是自发秩序还是人造秩序，其实现都离不开对规则的认同、遵从，以及对“越轨者”进行有效惩罚的手段和机制。

规则无处不在，规则能保证人们更好地生活。规则不仅是制度和章程，更是权利、责任和义务。每个人都用规则约束自己行为的同时，也从中获得了最大的自由和安全。规则是享受权利的保证。不完善的规则带来的是不公正、不合理的秩序。有了规则不很好地遵守，就会破坏已有的规则，使已有的规则没有权威性，使规则形同虚设。人人都不遵守规则，不仅建立不起新的良好的秩序，就是社会原有的秩序和制度都会被破坏，最终导致整个社会在一种无序状态中运行。

文明城市测评体系，要求城市广泛开展“市民公约”“行业规范”“职业守则”“团体章程”等教育实践，进而培育全体人民的规则意识、文明意识，促进文明和谐有序的社会秩序、社会制度建设。

四　文明城市创建是变革城市发展方式的革命

文明城市创建，突出以创新、协调、绿色、开放、共享的新发展理念为引领，改变“粗放式”、“见物不见人”的发展方式，推动城市文明发展，保障民生幸福，促进社会文明变革、和谐进步。

发展的传统价值取向是“物本主义”，人的价值最终被归结为物的价值，即“见物不见人”的发展，结果导致发展的价值理性缺失及发展目的与手段倒置，产生了许多发展价值困境。

新发展理念的提出，以及在全国广泛深入开展的文明城市创建，不仅进一步明确了文明发展价值取向的维度，即文明发展不仅要促进物质文明与精神文明的协调发展，而且通过城市文明发展的制度安排，保障中国的城市化、城镇化始终把不断改善和提高人民的生活水平、促进社会公平正义和人民幸福作为文明发展的根本价值取向，以《测评体系》构建全面系统的文明发展的制度，以保障中国的可持续城市化，成为一场静悄悄的文明和谐的社会革命，促进中国社会的全面进步。

（一）《测评体系》以测评项目、测评指标、测评标准的方式，规范城市文明发展软环境的制度安排

如通过对“牢固的思想道德基础”“良好的经济社会发展环境”“长效常态的创建工作机制”三大板块、12个测评项目等城市文明发展“软环境”的测评，引导全国各地区、各城市在改变与完善城市政务、法治、市场、人文、安全稳定等“软环境”的过程中，给市民百姓营造安居乐业的社会生活环境，促进城市的文明和谐。因此，参与2005、2008、2011、2014、2017全国文明城市评选表彰的172个城市（城区）中，市民百姓的支持、拥护率均在95%左右。

（二）《测评体系》成为衡量城市发展是否文明和谐、是否体现可持续制度安排的坐标

可持续城市化的制度安排，从文明和谐的视角去考量与评价，则可从城市化的进程、城市化的结果是否使该城市仍然能保持并提升其形态文明、功能文明、素质文明去衡量。《测评体系》通过对城市“软件”和“硬件”、“设施”与“管理”、“人”与“活动”、“规范”与“引导”、“教育”与“发展”等380多条测评指标的测评，全面系统地凸显一个城市的形态文明、功能文明、素质文明，并使城市形态、功能和素质文明的统一，成为衡量可持续城市化制度安排绩效的坐标。

（三）《测评体系》是对政府主导、政府组织动员市民百姓和各种社会力量参与文明城市创建的制度设计、制度安排

2005年以来全国各城市积极参与文明城市创建、促进文明和谐社会变革的实践证明，《测评体系》是实践城市可持续发展、促进城市社会文明和谐的制度设计、制度安排、制度构建。

为什么这样说？第一，《测评体系》不仅对一个城市的政治、经济、文化、社会建设设置了测评项目、测评内容，而且将一个城市经济与社会发展的水平、质量等量化为测评标准；不仅明确城市形态文明、功能文明、素质文明的评价对象，而且每一测评指标都有负责分管城市形态文明、功能文明、素质文明的政府责任主体。

中央文明委颁发的2015版《测评体系》，尤其是2017版《全国文明城市测评体系》操作手册，已将中央文明办、中央综治委、中央纪委、公安部、住建部、教育部、文化部、民政部等40个部委办的指标纳入《测评体系》，这就保证了中央各部委办的指标要求，通过各城市相关的委办局主体，使城市文明和谐的可持续发展要求得以落实。这是一种以“测评指标”为桥梁，整合国家与地方资源同创共建文明城市、共同推进可持续城市化的一种制度设计。

第二，《测评体系》作为一种制度设计，是与中国政府行政管理模式的运作一致的。如上所述，因为该指标体系模型在研制和修订的过程中，整合了中央40个部委办的指标，修改指标都要得到相关部委办的认可；政府能否扎实有效地推进文明城市创建、推动可持续城市化，既是测评指标的要求，又是对政府创建文明城市工作实效、推动可持续城市化的检测，也是对政府在城市建设与管理中的绩效的最好的检验，更是对政府实现“人民幸福”中国梦工作绩效的全面检测。

在上述意义上说，《测评体系》是当今和未来中国引导城市实现

文明和谐发展、实现可持续城市化、现代化的一种制度构建，是引导城市在政治、经济、文化、社会建设过程中，以社会主义核心价值观为导向，促进中国特色社会主义建设的一种制度构建，是实现全面小康和"人民幸福"中国梦的制度构建，是促进社会文明和谐变革、社会全面进步的制度构建。

参考文献

1. Christopher Dawson. The Dynamics of World History[M]. New York: New American Library, 1956.

2. Powell, J.C. China and Europe[M]. London: Kegan Paul, Trench, Trubner & Co., Ltd, 1925.

3. [法] A.J.H. Charignon. 马可·波罗行记：中册[M]. 冯承钧，译. 北京：中华书局出版社，1955.

4. [英] 埃比尼泽·霍华德. 明日的田园城市[M]. 金经元，译. 北京：商务印书馆，2000.

5. [意] 阿尔多·罗西. 城市建筑学[M]. 黄士钧，译. 北京：中国建筑工业出版社，2006.

6. [英] 阿诺德·汤因比. 人类与大地母亲[M]. 徐波，译. 上海：上海人民出版社，2001.

7. [美] 阿瑟·赫尔曼. 文明衰落论——西方文化悲观主义的形成与演变[M]. 张爱平，蒲国良，等，译. 上海：上海人民出版社，2007.

8. [日] 滨下武志. 近代中国的国际契机[M]. 朱荫贵，译. 北京：中国社会科学出版社，1999.

9. [法] 布罗代尔. 资本主义论丛[M]. 顾良，孙志君，译. 北京：中央编译出版社,1997年.

10. [德] 恩格斯.反杜林论[M].中共中央马恩列斯著作编译局,译.北京:人民出版社,1970.

11. [美] 费尔南·布罗代尔.文明史纲[M].肖昶,冯棠等,译.桂林:广西师范大学出版社,2003.

12. [日] 福泽谕吉.文明论概略[M].北京编译社,译.北京:九州出版社,2008.

13. [美] 费正清.东亚文明:传统与变革[M].黎鸣,译.天津:天津人民出版社,1992.

14. [美] G.罗兹曼.中国的现代化[M]."比较现代化"课题组,译.南京:江苏人民出版社,1988.

15. [俄] H.A.约宁娜.印证人类文明的100座宫殿[M].宋洪英,金华,贾梁豫,译.北京:经济日报出版社,2005.

16. [美] 赫伯特·马尔库塞.爱欲与文明[M].黄勇,薛明,译.上海:上海译文出版社,1987.

17. [比] 亨利·皮朗.中世纪欧洲经济社会史[M].乐文,译.上海:上海人民出版社,2001.

18. [美] 霍华德·T·奥德姆.繁荣地走向衰退——人类在能源危机笼罩下的行为选择[M].严茂超,毛志峰,译.北京:中信出版社,2002.

19. [美] 杰弗瑞·戈比.你生命中的休闲[M].康筝,译.昆明:云南人民出版社,2000.

20. [美] 拉尔夫.世界文明史:下卷[M].赵丰,译.北京:商务印书馆,2006.

21. [美] 刘易斯·芒福德.城市发展史[M].倪文彦,宋俊岭,译.北京:中国建筑工业出版社,1989.

22. [美] 路威·罗伯特·文明与野蛮[M].吕叔湘,译.北京:北京三联书店,1984.

23. [美] 马尔库塞.爱欲与文明[M].黄勇,薛明,译.上海:上海译文出版社,1987.

24. [德] 马克思,[德] 恩格斯.马克思恩格斯选集:第三卷[M].中共中央马恩列斯著作编译局,译.北京:人民出版社,1972.

25. [德] 马克思,[德] 恩格斯.马克思恩格斯全集:第一卷[M].中共中央马恩列斯著作编译局,译.北京:人民出版社,1960.

26. [德] 马克思,[德] 恩格斯.马克思恩格斯文集:第三卷[M].中共中央马恩列斯著作编译局,译.北京:人民出版社,2009.

27. [德] 马克思,[德] 恩格斯.马克思恩格斯文集:第九卷[M].中共中央马恩列斯著作编译局,译.北京:人民出版社,2009.

28. [德] 马克思,[德] 恩格斯.马克思恩格斯文集:第一卷[M].中共中央马恩列斯著作编译局,译.北京:人民出版社,2009.

29. [日] 妹尾达考.都市的文化生活[M]//谷川道雄.魏晋南北朝隋唐的基本问题.李凭,译.北京:中华书局,2010.

30. [西] 米格尔·鲁亚诺.生态城市[M].吕晓惠,译.北京:中国电力,2007.

31. [美] 摩尔根.古代社会[M].杨东蒪,张栗原,冯汉骥,译.北京:商务印书馆,1971.

32. [德] 诺贝特·埃利亚斯.文明的进程:文明的社会起源和心理起源的研究(第二卷)[M].袁志英,译.上海:上海三联书店,1999.

33. [美] 塞缪尔·亨廷顿.变化社会中的政治秩序[M].王冠华,刘为,译.上海:上海人民出版社,2008.

34. [美] 塞缪尔·亨廷顿.文明的冲突与世界秩序的重建[M].周琪,刘绯等,译.北京:新华出版社,1998.

35. [美] 威尔·杜兰特.世界文明史下册:希腊的生活[M].幼狮文化公司,译.北京:东方出版社,1999.

36. [德] 夏瑞春.德国思想家论中国[M].陈爱政，译.南京：江苏人民出版社，1997.

37. [美] 西里尔·E·布莱克.比较现代化[M].杨豫，译.上海：上海译文出版社，1996.

38. [美] 伊迪丝·汉密尔顿.希腊方式——通向西方文明的源流[M].徐齐平，译.杭州：浙江人民出版社，1988.

39. [日] 伊东俊太郎，梅棹忠夫，江上波夫.比较文明研究的理论方法与个案[M].周颂伦，李小白，吴玲，译.上海：上海三联书店，2017.

40. [德] 尤尔根·哈贝马斯.公共领域的结构转型[M].曹卫东，译.上海：学林出版社，1999.

41. [德] 雅斯贝斯.历史的起源与目标[M].魏楚雄，俞新天，译.上海：华夏出版社，1989.

42. 包亚明.现代性与都市文化理论[M].上海：上海社会科学院出版社，2008.

43. 北京大学外国哲学史教研室.古希腊罗马哲学[M].北京：商务印书馆，1961.

44. 陈代光.中国历史地理[M].广州：广东高等教育出版社，1997.

45. 陈乐民，周弘.欧洲文明扩张史[M].上海：东方出版中心，1999.

46. 陈嘉放.文明与暴力[M].成都：四川人民出版社，2003.

47. 邓小平.邓小平文选：第三卷[M].北京：人民出版社，1993.

48. 董鉴泓.中国城市建设史[M].北京：中国建筑工业出版社，1989.

49. 冯天瑜，何晓明，周积明.中华文化史[M].上海：上海人民出版社，2010.

50. 方世南.时代与文明[M].北京：人民出版社，2006.

51. 盖山林，盖志毅.文明消失的现代启悟[M].呼和浩特：内蒙古大学出版社，2013.

52. 郭长刚.失落的文明：古罗马[M].上海：华东师范大学出版社，2001.

53. 郭沫若.中国史稿：第一册[M].北京：人民教育出版社，1976.

54. 胡焕庸，张善余.中国人口地理[M].上海：华东师范大学出版社，1984.

55. 何小颜.早慧的文明[M].上海：上海古籍出版社，2003.

56. 刘炜，赵春青，秦文生.中华文明传真[M].上海：上海辞书出版社，2001.

57. 李孝聪.历史城市地理[M].济南：山东教育出版社，2007.

58. 李泽厚.美的历程[M].北京：文物出版社，1981.

59. 李雪梅.探寻黄河文明[M].北京：人民出版社，2004.

60. 宁越敏，张务栋，钱今昔.中国城市发展史[M].合肥：安徽科学技术出版社，1994.

61. 沈玉麟.外国城市建设史[M].北京：中国建筑工业出版社，1987.

62. 漆侠.宋代经济史：下册[M].上海：上海人民出版社，1988.

63. 钱穆.中国文化史导论(修订本)[M].北京：商务印书馆，2001.

64. 袁行霈.中国文学史：第二卷[M].北京：高等教育出版社，1999.

65. 王钟翰.中华民族史[M].北京：中国社会科学出版社，1994.

66. 王振复.中国建筑的文化历程[M].上海：上海人民出版社，2000.

67. 王建国.古文明之谜[M].北京：京华出版社，2006.

68. 翁独健.中国民族史[M].上海：中国大百科全书出版社，1986.

69. 徐康宁.文明与繁荣——中外城市经济发展环境比较研究[M].南京：东南大学出版社，2002.

70. 刑建国.秩序论[M].北京：人民出版社，1993.

71. 叶文虎，唐剑武.可持续发展的衡量方法及衡量指标初探[M].北京：北京大学出版社，1995.

72. 祝启源，卢勋，罗贤佑，等.中华民族凝聚力的形成与发展[M].北京：民族出版社，2000.

73. 张琢.九死一生：中国现代化的坎坷历程与中长期预测[M].北京：中国社会科学出版社，1992.

74. 张鸿雁.春秋战国城市经济发展史论[M].沈阳：辽宁大学出版社，1988.

75. 郑宗寒.试论小城镇[J].中国社会科学，1987，4.

76. 高毅.关于编撰《世界文明史》的几点想法[J].北大史学，1998，5.

77. 河北省文物管理处.河北省平山县战国时期中山国墓葬发掘简报[J].文物，1979，1.

78. 邝杨.变动中的世界图景——兼评文明冲突论[J].东方，1994，1.

79. 任式楠.中国史前城址考察[J].考古，1998，1.

80. 文明探源工程给出五千年家谱[J].中国民航报，2018-06-20.

81. 李妍.评论：要城市化，不要城市病[J].重庆日报，2014-05-16.

82. 王逸舟.国际政治的又一种透视——亨廷顿《文明的冲突》一文评述[J].美国研究，1994，1.

83. 尤翔.近代中国西方古典建筑的细部分析[J].南京工业大学学报(自然版)，2002，24.